爱平凡的孩子是父母最大的责任

我最爱
我的爸爸
和我
的妈妈

世上没有理想的父母

罗怡君——著

SPM 南方出版传媒、广东经济出版社
– 广州 –

图书在版编目（CIP）数据

世上没有理想的父母／罗怡君著．—广州：广东经济出版社，2017.10
ISBN 978－7－5454－5673－8

Ⅰ．①世…　Ⅱ．①罗…　Ⅲ．①亲子关系－家庭教育　Ⅳ．①G78

中国版本图书馆 CIP 数据核字（2017）第 178529 号

版权登记号：19－2017－052

插画师：妹妹（公立小学四年级学生）
隔页手写文字：厉宁

出 版 人：姚丹林
责任编辑：张晶晶
责任技编：谢　莹
装帧设计：林　希

《世上没有理想的父母》
SHISHANG MEIYOU LIXIANG DE FUMU
罗怡君　著

出版发行	广东经济出版社（广州市环市东路水荫路 11 号 11－12 楼）
经销	全国新华书店
印刷	佛山市浩文彩色印刷有限公司（广东省佛山市南海区狮山科技工业园 A 区）
开本	889 毫米×1194 毫米　1/32
印张	7
字数	150 000 字
版次	2017 年 10 月第 1 版
印次	2017 年 10 月第 1 次
印数	1—8000
书号	ISBN 978－7－5454－5673－8
定价	39.80 元

如发现印装质量问题，影响阅读，请与承印厂联系调换。
发行部地址：广州市环市东路水荫路 11 号 11 楼
电话：（020）38306055　37601950　邮政编码：510075
邮购地址：广州市环市东路水荫路 11 号 11 楼
电话：（020）37601950　营销网址：**http://www.gebook.com**
广东经济出版社新浪官方微博：**http://e.weibo.com/gebook**
广东经济出版社常年法律顾问：何剑桥律师

请走在孩子身边

王政忠

怡君妈妈是个知名博主及专栏作家，许多人以为怡君很会说道理，就我看来，她更擅长说故事。因为很多道理她还没说，听完她描绘的生动、有意思的故事后，你就懂了。这是一种很棒的方式，根据我在初中教学现场二十年的经验，我敢保证，如果不是这种方式，百分之九十九的学生在你的故事（很八股的那种）还没说完时，就翻白眼拿出手机在划了。

这本书大概就是以这种方式写成的——用有意思的故事说天下的父母其实都懂但未必能真心接纳的道理。尤其是——减法的道理。

比如说：减去“视角遗传”吧！

别再习惯性地以自己的视觉角度去评断孩子与你肯定

不会完全相同的视觉角度。我经常在家长或教师场次的演讲中做一个实验，我会拿出一张两面图样或颜色不同的纸，一面朝我，一面朝听众（甚至就请他坐着回答我）地问："你看见什么？"当听众说出颜色或图案，我就会疑惑地说出："咦？可是我看的不是这样唉！"他会说："可是我看的就是这样啊！"我会坚称："可是我看的是这样！"然后听众就会说："那是因为你跟我看的角度和高度不一样啊！"我就会停顿，然后回他："对啊！就是因为这样啊！你有多少次这样评断了你的孩子？"

现实世界或者职场环境，或许角度或高度的不同，会被认定与你的能力与智慧是正相关的，然后你也只能摸着鼻子为了五斗米折腰闭嘴。但在孩子的世界——在你与孩子的世界，不同就是不同，没有什么高低立判，就只是不同而已。

要不你蹲下来跟他同一个高度，走到他身边去跟他同一个角度；要不拉把凳子让他垫着脚跟你同一个高度，然后搂着他跟他同一个角度。或者，轮流交换角度高度。

你得先听见，才会真正看见；看见，才会真正遇见；遇见了，彼此的生命才有交互作用的可能。

我说的是：你与你的孩子，生命与生命交互作用的可能。

当你无法以相同角度与高度，去看待孩子与你的视角势必不同的必然，那么你与你的孩子生命中那么美好的应然，就会失之交臂。

这是我听到的第一个道理。

接着是：减去“立场世袭”吧！

别再过度替你的孩子决定或者过滤他该知道或者不该知道的信息了，当然，那种十八禁的不在此限。我总是记得我刚刚接任训导工作的时候（那是二十年前的事了），我是个刚从师范大学毕业的菜鸟实习老师，没有人教我怎么成为一个训导人员，我所有对学生的严格要求，就来自我自己是初中生时被管理的经验，衣服该扎进去要扎进去，头发该理短要理短，等等，然后就发现我在每天的追赶跑跳碰中累得半死，而我的学生就跟当年鬼灵精怪的我一样，以捉弄我、跑给我追、躲给我找为乐。直到有一天，我气喘吁吁地逮住一个学生，因为她的制服下摆又露出来了，她看着我，然后问我：“老师，你不累吗？”

我是很累。更累的是：我这样累的意义究竟何在？我的学生因为我的累（或泪）又获得了什么好处？

于是我换个角度想：当年我最不喜欢我的老师的思维模式及外显行为有哪些？比较起来，我更不喜欢的是他的思维还是行为？

然后我再换个角度想：当年的我，有没有想过我的老师如果能懂我什么就好了？或者愿意试着懂我就好了！

那之后，我试着让自己接近后面的那个老师。我发现，我渐渐成为学生愿意接近的那个老师，而且，愿意接近我的学生越来越多。

父母，何尝不是如此？

这个世界并不是无菌室，不是喝多了比菲多或者吃了龙根菌，你的孩子就会在你的羽翼下长成像大树一样高；你也曾经教过你的孩子骑脚踏车，当孩子学会了，你就会放手，但如果你一直不放手，你不会知道孩子学会了没有；成为扶翼的风，让孩子试着鼓动翅膀，别成为温室植栽的那个盆，让孩子在直径十二厘米的圆框里，以为自己就是全世界。

> 别走在我前面，我不一定跟随；别走在我后面，我不一定带领；请走在我身边，成为我的伙伴。

谨以加缪的话，注解怡君老师教会我的第二个减法道理。

第三个是……哦，不该视角遗传或者立场世袭，还有什么，你要不要自己来看看？

爱平凡的孩子，是父母最大的责任

暂时

我只是你暂时的天使，无法变为你的神；
我只是暂时挡住风雨，而非能使唤什么；
我只是暂时充当向导，事实上路并不清楚。

虽然我有时忘记这些都是暂时。

你暂时是个孩子，
让我暂时变成母亲，
也许你暂时不会知道，
或许是我假装你不知道，

钟声不在午夜十二点，在什么时候呢？

等你知道一切都是暂时的那刻，
才能了解暂时的永恒之意。
关于人生，
我只能这样暂时回答你。

孩子越长大，母亲这个角色我当得越谦虚。

还没成为母亲的我，一直认为“教出优秀的好孩子”是教养的目的、是评鉴母亲角色的重要项目，也是替孩子成年前应该做好的基础准备。然而过去几年下来累积的生活试验，我发现自己的转变能力未必切换得比孩子快，调整弹性也不像孩子般柔软强韧；我甚至做不到跟孩子一样无条件付出不问收获……

过去的成功经验早已不适用于未来社会，信息平台的建立打破各种能力的界限，如果我们无法“教给”孩子什么，那么老天到底赋予父母什么重要意义？

有个寓言故事是这样的：一位富翁到一个小岛上度假，在海边散步时迎面走来一位渔夫，手里拿根钓竿和几条鱼，心情看起来非常愉快。富翁跟他聊了起来，他开心地说：“今天真是运气好，一下钓到好多条鱼，不但晚上可以加菜，还能卖掉赚点钱呢。”

富翁说："既然这样，为什么你不租条小船，每天多钓点鱼，卖更多钱呢？"

"然后呢？"渔夫问。

"然后存钱买艘自己的船，出海捞更多鱼，卖更多钱啊。"

"有这么多钱之后要做什么呢？"渔夫有点纳闷。

"就可以买座小岛悠闲地度假啊。"富翁得意地说。

"可是我现在每天就已经在悠闲度假了呀！"

这个故事不断在我心中发酵，当初希望孩子优秀成功，那个定义到底是为自己还是为别人呢？希望孩子追求幸福快乐，会不会也和富翁一样绕了这么一圈，但其实孩子从小就已经拥有了呢？

打个简单的比方，如果我们也认为每个孩子都是老天独一无二的杰作，那么孩子来到这世上时，本身就已经带着答案。我们面对一张空白的考卷会去作答，但是面对答案卷时，没人会想修改答案，而是去了解学习为什么是这个答案。同样回到教养上，我们做父母的自学功课，就是尽力维持答案原貌，积极地协助孩子了解为什么，并学会觉察自己的特质和使用方法。

为了弄懂这张"答卷"，我成为一位名副其实的"家长自学生"：积极搜集各方信息、接触各类教育思想，打破以往学习框架，开始翻阅以往从未涉猎的书籍……没想到原本为了寻找解方的思辨之旅，也意外地成为认识自我的神奇旅程——不只孩子独一无二，当初那份属于我的独一无二又是什么呢？

我带着不同的思维和孩子一边生活一边思考、一起争辩一起讨论、一会儿兴奋一会儿挫折……我在每天无数个选择中挣扎进退，也在很多尝试里拿捏细节，许多夜里我辗转难眠、自问自答，试炼自己是否诚实面对各种情绪，而不被好听的借口理由蒙骗过关，时时提醒自己千万别以爱为名，做了自私的决定。

或许孩子也感受到了些什么。有天我无意听见她告诉同学她很喜欢当我的女儿，我才知道原来这就是我寻觅的答案——孩子无条件地爱着平凡但独一无二的父母，而我们只要也做到这点就可以了。

接下来的日子，任务逐渐变得清晰，我的自学方向也开始调整——抛开自己已有的框架和限制，专心地无条件地爱我的平凡孩子。

无条件的爱并不容易做到，这本书里记录着许多的自我觉察和挑战。很多时候我们摇摆不定，是因为想得不够诚实清楚，然而一旦豁然开朗，就能找到属于自己和孩子的专属北极星，我们不再担心路途如何曲折遥远，因为那都是我们携手并进的旅途风景。

01

建立独一无二的价值观

——我要成为什么样的母亲

02

每个决定都关乎如何选择

03

开启对话的钥匙

——尊重与同理

04

环境给我们的教养挑战

05

永无止境的学习之路

01

建立独一无二的价值观

——我要成为什么样的母亲

孩子，你可以既独立又依赖

孩子莫名其妙闹别扭

最近，妹妹有些怪里怪气。

明明可以自己在房间里睡觉，最近半夜又偷溜回我床上；前阵子喜欢自己躲起来看书，顶多不让我知道书名，但现在只要我一出现在她视线里，立刻就把书合上放旁边；不论开口跟她聊些什么，都故意说反话，非要搞得母女俩闹别扭才善罢甘休。

一向自律体贴的她到底是哪根筋不对了？学校里没特别的事情发生，家庭生活也很平静，这看起来越来越独立的孩子，到底心里起了什么变化呢？然而，这事儿急也没用，孩子可能酝酿着什么想法还不愿沟通，或是没准备好面对情绪，我只好暂时按兵不动，心里天真地想着说不定过阵子也就没事了。

一两个礼拜之后情况不见好转，但有些蛛丝马迹渐渐浮现出来：

“妈，我要去洗澡了。”妹妹喊我。

“哦，好啊，快去洗洗出来吃水果。”正在回一封电子邮件，我头也没抬。

过了几分钟按下发送键，冷不防地瞄见她站在我的眼角余光里。

“你怎么还在这里？到底要干吗啦？”

“你可以进来陪我吗？我可以自己洗，但我想要你在外面跟我聊天。”妹妹边说边看着我。

我将差点脱口而出的拒绝吞下肚中，就在一两秒间转了个念头，妹妹自从会自己洗澡后很少开口邀请，不妨听听她想说什么，以免总是“敌暗我明”。奇怪的是，明知道我在门外头守着，妹妹却意兴阑珊地没开几次口，一场澡十分钟洗完，走出来时我想替她擦擦身体，她也是一副没精打采的样子。

回溯情绪的源头

“到底怎么啦？最近你跟以前很不一样了，有什么事是我不可以知道的吗？还是我的小女孩长大了，不愿意什么事都跟妈妈说了吗？”我故作轻松、潇洒地开口，天知道我心里根本不是这样。

“才不是哩，你每次都乱猜！”妹妹突然大声反驳，我真觉得莫名其妙，那不然到底是怎么样嘛！

我保持沉默，一边努力压抑着怒气，一边回想方才那些话到底出了什么问题：是“不一样”，还是“长大了”？还是我假设她不想跟我说的想法惹她委屈？突然之间，脑袋里浮现前些日子的种种迹象，我好像知道“那种感觉了”！

等妹妹穿完衣服，我一把大大地抱住她，故意靠着她的头不看她的眼睛，两个人先这样摇啊摇，然后我在耳边告诉她：

“啊，妈妈猜猜看你在想什么，猜对的话就拍我的背两下，猜错的话拍一下，我们玩这个游戏好不好？”妹妹点点头，没有拒绝。

“嗯，妈妈以前也有过这种感觉哦，这种感觉叫‘失落’，觉得自己长大了、能力变更多了，可以自己做很多事，可是却没有想象中那么高兴，可能是因为这样就没办法跟人家撒娇、黏在一起或者偶尔想偷懒，所以有些不想长大的感觉。因为又想长大又想撒娇，自己的心情就会时好时坏，想要发点脾气，请问我猜得对不对啊？”

妹妹“扑哧”笑出来，很快地在我背上拍两下，然后抱我更紧了。

人生第一次失落，也是成长的里程碑

这一两个月为了暑假外宿做准备，妹妹自己学习洗头、洗澡、洗衣、洗便当盒，一时之间好像突然长大不少，只是行为上迅速独立，未必内心就能割舍过去的情感依赖。人生首次尝到失落感滋味的孩子，当然无法辨认情绪，更别提溯本循迹找出原因，这时候，借由大人协助认识并厘清内心的情绪特别重要，想到这里我简直忍不住想大肆庆祝“第一次失落感”的到来。

这也是成长的里程碑啊！我又亲眼见证孩子的“第一次”了！

这样抱着说话让妹妹感到放松安心，也避免不好意思承认的感觉，于是我继续维持原来的姿势不动，继续我们的悄悄话：

“妹妹，妈妈跟你说，虽然长大之后你会自己做更多事情，可是这不代表妈妈就会跟你越来越分开哦。虽然我很高兴我的孩子越来越厉害可以独立，但是还有很多事情是下个阶段你要准备学习的，就像是一二年级你念完了，还有三四年级一样，妈妈会继续陪伴你做不同的事情。”

“不过要是有时候，你突然觉得长大好累哦，想要回味一下妈妈帮你洗澡、跟你窝在一起睡觉的感觉，也没问题，只要跟妈妈说就可以了，或者你不好意思说的话，我们现在一起来想个暗号，这样好不好？”妹妹听到这里一把放开我，看着我的眼睛笑着点点头：“妈妈，我已经把暗号想好了耶。”看来她还是魔高一丈的达人。

后来我们决定从看书这件事情着手，把“自己阅读”和“亲子共读”两件事分开处理，不因为孩子能自己阅读，反而失去和父母分享故事的时光，这样对孩子来说是“惩罚”，自然也就不会喜爱阅读。于是妹妹自己挑的书就自己看，而妈妈挑选的长篇的青少年小说就当作床边故事，同时享有两种阅读乐趣。

连接可以不断创造

妹妹阴阳怪气的情绪一解开，便能自在地享受独立的成就感，更不会因为失落感而拒绝学习成长；当我们随着孩子的年纪创造新的挑战、新的连接，就能保有与孩子间的亲密感，并同时引领孩子继续前进。

正面看待任何人的情绪依赖，那正是展现最柔软之处的表现，也是安全感的重要来源，而这些需求并不会因为行为独立而消失，想想你我自己就知道，有个地方能放心地安置心灵，才会有勇气面对生活里的种种挑战。

家长的日常反思

· 孩子哪些行为会被认为是独立？

· 为什么是这些行为呢？

· 如果孩子做到其他自认为独立的事，我们也会认为是独立的表现吗？

· 为什么我们担心孩子依赖呢？我们会因此联想到什么？

我们是别人眼中美好的风景吗？

在梦想与现实之间

好不容易一群久未叙旧的老友见面，大伙儿特地找了一家在网络上负有盛名的咖啡店，没想到店址低调难寻里头却人声鼎沸，不免让人感到佩服。眼尖的店员马上注意到我们这群别扭的客人，热情地招呼我们，并开始介绍店里的特色餐饮。

店员点完餐前脚一走，其中一位朋友马上跟我们咬耳朵：

“听说这家店老板才二十几岁，这边店员也都好年轻哦，看起来不像兼职都是做正职的，真不知道一个月能赚多少钱。”

“应该是生活没压力，家里也不需要拿钱回去吧，真令人羡慕。”看来这个话题引起了许多共鸣。

“当然啊，这些人家境不会太差，不然哪有可能做这种梦？你没听说现在年轻人都想自己创业，而且最喜欢开咖啡店，这么浪漫的工作谁不喜欢，说穿了就是群好命的小孩。”另一位朋友搭腔。

我看着眼前这群朋友，其实离开年轻人的世界没有太久，却已经把年轻人和自己之间画了界线，他们的陈述和猜测未必有错，虽然没有具体的调查数据，不过就现实条件而言这样的判断应该所差不远。

生活有余裕是幸运，也是包袱

正当我发愣时，大家话锋一转，开始提到了自己的小孩。

“要是我的小孩跟我说要创业，我一定一毛钱都不会拿出来，想创业就凭自己本事，不然最后也是赔钱，还不是得乖乖去上班。”

“我应该会支持一下啦，不过不要念到博士再去卖鸡排，想卖鸡排早点说，不要浪费太多时间跟我的钱就是了。”

这番鸡排论把大家逗得哈哈大笑。其实在座朋友的小孩们大多还在小学阶段，我心里暗自想着也只有现在大家才笑得出来，不过这是个很好的题目，让我们好好整理心中的一些想法。

“那么，我问大家，如果你是这些家境还可以、没有急迫生活压力的年轻人，那么你会做出同样的选择吗？”这是我的第一个问题。

大家一时愣住了，批评别人的选择很容易，但若有机会能选择自己的梦想，谁不想呢？只是这梦想是上哈佛还是开鸡排店而已，不是吗？果然主角一旦换成自己，似乎就没有那么绝对的答案了。

想想我自己的个性不甘寂寞喜欢热闹，兴趣广泛却不喜专精，若我有机会做选择，也未必会走他们这条路。这些隐身在街头巷弄、不喜世俗成功之道的族群，享受生活的方式与我不同，他们能自我供给饱满的能量，不受限于外在的评价标签，就像《刺猬的优雅》中博学多闻的门房太太，关起门来是自己的天地，现实世界是另一个不得不存在的时空。

“开咖啡店或是卖鸡排要成功，也得辛苦工作吧，为什么我们老是觉得做这些‘非上班’的事很浪漫呢？”我接着说。

有生活余裕的状态并不是个原罪，孩子不能选择出生之家，自小也无法拒绝父母给的生活资源，若因为这些条件而无法拥有自己的人生，或许这些孩子愿意放弃所有的一切，只为能自由选择。

换句话说，若本身拥有具有优势的社会条件时，愿意放弃追求更多的金钱地位，耗费自己的时间与资本，投身于感兴趣的事情或理想，这也是实践理想、展现坚持，严格地说，这何尝不是成功的教养？

比较严肃的反省是：当我们的身份转换成父母的时候，会不会因为这些余裕出自自己的给予，而不自觉地认为拥有评断的权力呢？

专业素养的背后，是选择与牺牲

我跟朋友们分享了另一则故事。那天听出版社的朋友说，国际书展时某位法国作家来到中国台湾，出版社安排带她到大稻埕的茶馆里喝茶，社内同事用法文向作家介绍地区历史和茶的特色，在这个过程里，送上茶点的服务生也听见一二，最后忍不住也用流利的法文和客人寒暄交谈。作家听见熟悉的语言分外开心，加上服务生对茶道的专业令人惊艳，也对中国台湾留下极深的好印象。

“会说法文的服务生耶，好有素养哦。”有人悠悠地吐出这句话。

“对啊，这跟我们常常羡慕日本的达人是不是很类似？好像日本随便一家小店里就藏着一个超厉害的专家。可是我们却阻止我们的孩子有类似的想法，难怪台湾的匠人都是老人啦！”我半开玩笑紧接着说。

我们欣羡日本深厚的人文底蕴、经典的美学，却没有想过需要多少人不求功名、没日没夜地投入自己的小世界；当我们循着网络书本造访一间毫不起眼的小甜点店、手作工坊，又怎么会想到他们势必经历孤独的坚持，还有同样不可避免的产业竞争。

享受这当中的苦和甜，是他们的共同选择，也是他们共同的语言。

这并不是特例。网络上曾流传一则趣闻：一位西班牙水电工下班后的“夜间身份”是小说创作者，选择这份自由职业才能挤出时间创作，每天辛苦谋生，只为延续自己创作的热情；我们口中的业余兴趣对他而言才是真正生活的重心，也是持续追求的人生目标。

底下的留言是难得的一片掌声，但回到现实生活里我们不禁要问，创作小说为什么需要这样的妥协才能赢得称赞呢？

允许孩子追求更多元的人生

不止一次，才八岁的妹妹曾经这样告诉我：

“妈妈，我以后想当设计师，可是不是赚很多钱的那种，我想要跟我的朋友一起开个小店，我卖自己设计的衣服，她们想设计发饰和包包，这样是不是很好？”

这当然是孩子现阶段的单纯梦想，但也最贴近孩子真实的天性。我想起自己小时候的心愿，希望以后的工作每天都能唱歌、跳舞，只是等自己长大了，好像反而没有追求梦想、坚持下去的勇气了。

身为父母的我们，若很幸运地能保有一些余裕，那么是不是应该撑出更大的空间，让孩子能安心顺应自己的选择呢？支持孩子未必只代表财务上的支持，而是让孩子的生涯里能有更多自己喜爱的选项而已。

而把这问题放远来看，或许我们需要更多有余裕的人向自己内心挖掘深层的意义，而不是运用资源再去投资、架高社会阶级的门槛。这样人心会更安稳祥和、社会能平静共存，这一片美好的风景才会是人、才会是社会最原始且不可取代的生命力。

家长的日常反思

·每个人眼中美好的风景总是不同，我们脑海里的人生风景是什么呢？曾经受到谁的影响而改变了吗？

·现在的生活和这幅风景有没有关联呢？

别为了『想要』，而忽略『必要』

还记得妹妹五岁时，我们大费周章从狭窄的空间里再隔出一间房，作为妹妹自己的小小天地。这个房间真的很迷你，从门口走到墙壁大概只有四步的距离，连窗户都没地方开，就一张书桌一张床，但是当房间落成的时候，妹妹只高兴了一下而已。

奇怪的是，妹妹待在客厅里的时间一点都没有变少。除了睡觉和偶尔需要搞点神秘动作时会待在房间，其他时间还是和我们窝在一张沙发上：不论是一起吃三餐吃水果、看书看电视，还是我打计算机她写功课、玩桌游打电动或画画……当桌子转换功能的时候，我们就必须同心协力铺好报纸、拿块抹布擦擦，或是把桌上堆栈的杂物先搬下放在脚边。总之一张茶几一组三人沙发，从大门即一眼望穿的小小客厅，就是我们每天生活的地方，一直到要睡觉了，才各自回到房间的床上。

这样的生活绝对会互相影响干扰。一开始赶她进房间培养生活习惯，她总是进去一会儿又出来；有时怕吵到她请她关门，她还会嚷嚷着说“不要不要”，就这样，房间实际上变成收纳仓库外加睡觉的地方而已。

如何使用空间，视家人需求而定

原本猜想也许是不喜欢自己的房间，直到有天我问她，妹妹才说：“妈妈，我很喜欢跟你们挤在一起，我想知道你们说的每一句话、你们的心情，还有发生什么事，而且我喜欢身体的某一个地方一直跟你碰在一起。”从此之后我们不再执着于房间功能，我们再度开放妹妹加入茶几空间，彼此做出一些协调，日子也就这样热热闹闹地过下去。

这让我想起有好多人为了拥有一间房子或是想给孩子更大的生活空间努力打拼，早出晚归牺牲家庭时间，但这真的是孩子想要的吗？

当一个家庭的收支摊开，负担最重的就是安身立命的房子，多少人因为想要有自己的家而必须出卖自己的下半辈子？在台湾找得到理想工作还算幸运，若想早几年还清贷款，有的还必须远赴他乡、分离两地，双薪打拼的生活让家庭功能瓦解，孩子在安亲班（托管班）、保姆家，睡前团聚大概也只剩下说“晚安”的力气了。这样的真相对孩子而言是：房子（硬件）有了，家（软件）没了。

人，才是让家幸福的重点

在薪水不涨的状况下，若房子的支出（不论租或购屋）成本能大幅降低，经济压力自然就变轻，物质欲望相较之下能够有计划地控制，赚多少花多少，不被五斗米绑住，就拥有更多选择权，掌握自己生活的内容和质量。

我自己梦想中的家是什么样子呢？也许前方有个小院子、小花园，有个大大窗户的房间，有个中岛厨房我就愿意学做菜了，还有从天花板到地上的落地书架配上木梯，当然还有可以放松泡澡的浴室………但其实从小到大从来没有过自己房间的我，根本还不知道拥有自己房间是什么感觉。

然而，努力去实践拥有这种家的梦想，却从来不曾成为我的人生目标，因为人才是让家幸福的重点。

选择和相爱的人成家，当然会把另一半的生活考虑进去；选择一个让自己充满热情的工作，就不一定能同时选择工作地点；选择一个能就近照顾家人的地点，就无法随心所欲地追寻理想中的家园……生活的一切就是围绕着人而产生的，能够因缘俱足、水到渠成实现梦想当然很好，但千万别为了“想要”而忽略了“必要”的事情。

把“想要”和“需要”分清楚，或许订立人生目标就是最好的身教。偌大的空间是自在还是冷清？小小的空间是温暖还是拥挤？

没有哪种比较好，只要是孩子跟我们一起想要的就好。

家长的日常反思

·我们是否能诚实辨认自己的“想要”和“需要”，而不再把家人当成借口呢？

·如果不必符合谁的期待、不必为谁牺牲，这些项目会不会有所改变？

人生很宽阔，不急着『专精』

居住在都市里的生活形态就是越夜越热闹，一开窗总是飘进各式各样的声音：炒菜声、吵架声、打骂孩子的哭声、卡拉OK的欢唱声……不只对楼上楼下的生活了如指掌，几间隔壁大楼相近的楼层的声音在夜里也听得很清楚。

有阵子不知怎么的，大家都叫孩子学乐器去了。一会儿是这家的孩子吹笛子，一会儿是那家的孩子开始练琴，印象最深刻的还有假日早上吹着的小喇叭，但是让我们困扰的倒不是孩子们的练习曲，而是伴着音乐断断续续的责骂声。

我们侧耳一听，猜测应该是某家孩子不想练琴，却被妈妈指责半途而废、不肯吃苦，接下来每天的某个时段便能听见母亲大声叫嚷，刚开始孩子还保持沉默，最后终于大吵一架，从此琴声也没再出现了。

这让我想起自己的学琴生涯。以前家境不算好，妈妈好不容易存到一笔钱，竟然希望我去学琴，搞不清楚状况的我傻愣愣地去上课，喜欢唱唱跳跳的我哪里静得下来，没多久就遇到瓶颈，直嚷着不学了。没想到意志坚定的处女座妈妈更加认定学琴是训练耐心、定力的好方法，不仅不收手，甚至加码买台钢琴回家请家教，才好就近管理、盯着练习。

我永远记得那台黑麻麻的钢琴来家里那天，必须动用吊车才能吊进五楼的房子，窄小巷子里邻居们一边看热闹，一边还说我命好；自知不是固执妈妈对手的我，发展了一套上有政策、下有对策的应对模式，表面上照表上课应付过去，但每天规定练琴的一小时里，我坐在琴椅上仍然双脚乱动、屁股乱扭，弹《卡农》嫌无聊、弹《小奏鸣曲》嫌复杂，只有难得遇见喜欢的曲子才有办法安静下来；就这样我一路学琴到小学六年级，直到初中，妈妈更重视课业，才放我一马。

孩子会放弃，背后有许多原因

现在回想起来，天底下妈妈们的理由似乎没有太多变化，好比“想让孩子拥有一个陪伴自己的嗜好”“培养孩子耐心”等；不少家长会鼓励孩子选择个乐器学学，孩子一开始尝鲜不反对，但中后期想放弃时，难免一番天人交战：

是孩子遇到挫折想逃避？

前面学的不就白费力气？

一定是难度增加、需要付出的时间更多而不想继续。

说不定只是惰性太强，逼一下就过去了？

老实说，以上每种因素都有可能，但父母若能先撇开不甘心、好可惜的情绪，同时也问问下列问题，说不定答案会更清楚：

孩子当初无法判断所以才答应尝试，但真的缺乏热情难以支撑下去？

孩子尝试之后发现自己并不喜欢或不擅长，因此也没有动力克服困难？

当初引导孩子学习的理由有没有把自己也骗了过去，但其实包藏着其他小小的期待？

还是孩子发现了更感兴趣的事情呢？

父母抉择，无意间形塑了孩子

多年后和妈妈聊天，她依旧自豪地说：“那个年代能学琴的不多，你还记得你有次去百货公司里弹钢琴吗？好多人围在你旁边，多羡慕你啊。哪有人得了便宜还卖乖，到现在还一直抱怨学钢琴的。”

我没有接话。从学钢琴这件事里，我深刻感受到母亲的付出与爱，但我想问的是：要是那时候做了别的选择呢？要是那时候花时间在我喜欢的事情上呢？

没有人知道后来会如何发展，这么问对我的母亲当然不甚公平；这样的疑问不是质问、不是挑战，而是当自己身为母亲的此时此刻，对比过去的经验时，能有机会反省这中间的决策过程，我有没有机会做得更好，让孩子跟我同样享受最后的决定？

孩子成年之前的人生，有很大一部分依赖父母代替做选择，即使随着年纪长大对生活细节可以发表意见，但不可否认，没有经济能力、交通能力甚至是完整的判断能力的孩子们，父母的影响和安排仍是形塑孩子童年生活的关键。因此，身为父母，替孩子安排活动、做任何选择都必须更谨慎小心，问问自己为什么要孩子花时间在这项活动上、孩子的反应是什么。我说得出什么意义、想要传达什么信息吗？

即使说得出学习的目的或某种意义，那么，对孩子而言有没有更好、更适合的选择吗？

这里的“更好”指的是以孩子为中心的思考方向，倾听孩子的说法，但并非完全听孩子的意见；孩子们没有太多生活经验可以提供比较基础，嘴里说的好或不好、要或不要，很可能只是当下情绪的反应，需要进一步讨论厘清。也因此，如何寻找更好的选择，关键因素在于父母是否够了解孩子的特质和反应。

或许是小时候的经验，我对时间的本质特别敏感——时间不等人地流逝，而且具有排他性。举例来说，周六下午去喝下午茶，那就不可能同时去剪头发；就算上班时同时开五个窗口工作，也是被绑在计算机前面，不可能去爬山踏青。因此当孩子必须花时间投入某个选择的时候，别忘了背后放弃的可能是打球、下棋、看漫画、做陶艺、种花草等其他各式各样的可能。宽阔的领域尚未探索，我们对孩子的反应也全凭想象，又如何知道孩子最适合哪些嗜好呢?

让孩子更广泛地探索未知

说起来严肃的道理，执行起来却非常容易。其实童年时期甚至是求学阶段，未必是需要立刻做选择的时机；孩子的生命一直往前迈进，他们会在未来遇见未知的新事物，那是生命的欣喜，也是上天给孩子尝试人生的权利，任谁都没有资格剥夺。一个适合孩子的选择很容易辨认，我们会看见像是推骨牌似的，在过程中哗啦啦地勾起更多面向的好奇心。

关于“专精”还是“广泛”的大问题，将会一直延伸到大学，甚至往后的人生。我们可以举出日本、德国的达人专家证明专精的优势，也能举出美国、法国博学通广的整合能力，事实上我们都需要这样的人，而这样的角色也各自由不同特质的人担任。

当然，若孩子拥有明显兴趣或特殊天赋，则不受限于此，否则不如先让孩子东碰碰、西瞧瞧，也许现阶段尚未领悟兴趣，但不断让孩子累积各种经验，借此摸索出自己最想做的事情，培养内在的学习动机，“路遥知马力”说的不也是这个意思吗？

家长的日常反思

· 我们真的能确定什么是自己的兴趣吗？

· 会不会因为某些事情做得比较好、比较容易有成就感，而觉得自己比较喜欢呢？还是不顾一切、不论成败就是想做的事情，才叫兴趣呢？

别轻易定义孩子

下课时间，常常是孩子们去上学的最大动力，和好朋友腻在一起是最重要的前提，妹妹当然也不例外。这十分钟里有许多精彩活动会发生，好朋友想玩什么、擅长玩哪些游戏，自然也就带动妹妹的兴趣。

当然啦，对于一个敏感谨慎的孩子来说，“带动兴趣”只是踏出很小很小的一步而已，离“亲身尝试”到“享受活动”还有很长一段距离，于是有阵子，妹妹的下课时间给她带来一些困扰：

“妈妈，她们都在玩吊单杠，我觉得我一定会拉不住掉下来。”

“今天她们有人爬树，一直叫我上去，我真的不敢。”

我可以想象那个画面——不论上头的孩子如何呼唤鼓励，下方的孩子仍没有抛弃任何一丝恐惧，断然拒绝任何尝试的邀请，甚至离开树，自顾自地玩起沙来。

我听着默不作声，我猜她也没要我做什么事，就让这些小小的困扰在她心中自行发酵。

我们对孩子的认识永远不够多

周末，妹妹想邀请好朋友一起去儿童乐园玩，我就担任一天保姆让几个小女生玩个过瘾，到了云霄飞车那关，妹妹竟然准备拉着好朋友坐第一排：

“乁（闽南语“耶”的意思），我们去坐第一排超过瘾的哦，睁开眼睛把手放开更好玩。”

我没听错吧！这是我的小孩吗？不料这位大胆爬树又爱吊单杠的同学竟然一口回绝，马上躲到我背后，直嚷着不敢坐云霄飞车。回家之后妹妹意犹未尽，向家人兴奋地描述云霄飞车的刺激：

“爸爸，我的心脏快要从嘴巴里跳出来了，云霄飞车真的太好玩了，下次我们一起去哦。”

“妈妈，可是我以为她很大胆耶，什么都第一个去摸去爬，原来她也有不敢的事情。”

妹妹的分享让我回想起其他场合接触的孩子们，似乎每个人都有不同的“秘密地雷”。有时我们真觉得矛盾极了，孩子们不断推翻我们的“以为”和“了解”，一次次地重新建构我们的认知。

我们对孩子的了解来自日常生活的经验累积，通过相处、对话、各种活动和选择结果，逐渐形成对孩子的印象，这是自然而然的过程，孩子的个性和天赋当然也展现其中，建构起我们对孩子的认识。也因此，我们选择什么项目去堆砌这些印象，就是建构是否完整的关键。

别让理解成为限制

最近妹妹夜里又常醒来，怀里揣条小被子，跑进我房间，像只猫咪一样窝在我脚边睡下半夜；不喜欢说话的她因为学校指派的任务哭丧着脸，嚷着以后绝对不会参加要上台的任何活动；然而她却主动要求报名参加离家十四天单独外宿、生活自理的营队活动。

小二年纪、从未单独外宿、不敢挑战新事物的她，这下子把所有人给吓坏了。家中长辈担心手脚不快的她容易脱队不安全，其实我也担心营队的各项野外体能活动挑战性过高，一向不是野孩子的气质女生又该如何立刻适应？

我小心翼翼地提供更多信息，好让她知道更多细节，也有其他人不客气地当面质疑：“你都还不会自己洗头，晚上睡觉想找妈妈怎么办？确定真的要去吗？明年再说吧！要是参加一半就想回家怎么办？”

面对这些迎面而来的挑战或是暗藏担心的提问，妹妹既不回答也不多说什么，只有在听到“你确定还要去吗？”的问题时会再次点点头，肯定地说“要”。

我一直在想象，那股藏在心里的强大动力到底是什么？为什么以前从未出现呢？我真的了解我的孩子吗？或者她现在就是在提醒我，必须重新好好挖掘一次呢？

因为疑惑，这阵子我特别留意观察其他孩子，后来发现几乎每个孩子都是如此。

每个人都在改变的路上，孩子也是

若我们的生活经验不够多元，就容易落入片段拼图的模式，孩子也因为遭遇同类事件而反应雷同，这样的交互循环不易被日常生活的规律打破，自然也就看不见孩子的其他面向。这又回过头涉及父母平日对孩子活动的安排与选择，若我们不自觉地偏向自己的喜好或是孩子的特长，那么便难免落入“果然如我所料”的结论了。

这好比一颗钻石，不同角度下会折射出不同的颜色，立体形态能让特质组合成不同的面貌，呈现于世。

人也是一样；停止成长的人就会是扁平的样子，你只能正看反看，没有上下侧边，也没有三度空间所创造出来的变与不变，我们很容易就猜透这个人的喜好习惯，进而推测他对事物的反应。但若人保持动态的质变，纵使天生的气质和天赋不会改变，立体的形态也能将环境的刺激转化成各式各样的回应形式。

特别是内向的孩子，他们意识到自己的能力变化需要更多时间，需要更多信息确认自己有把握才愿意尝试，但那都不代表他们比较不勇敢、比较无法承担责任。

停留在某些片面印象中对孩子并不公平（即使是属于好的、正面的评价），我们应该主动提供多元的实践机会，协助挖掘孩子各种未知的立体面向。对于未知的担忧不如化为实际的行动，用具体的事项帮助孩子延展试探的触角，让孩子完成更多小小的成功来支持自己，像是脱壳般地结束每一个成长酝酿的阶段，慢慢地再多拓出一个角边，从三角到四角、五角……最终用多边串联搭建起自己钻石般的人生舞台。

家长的日常反思

· 我们也曾觉得别人不够了解自己吗？

· 我们挖掘过或展现过自己的其他面向吗？

· 孩子心中的我们是不是也和自己认定的一样有落差呢？

世上没有一个理想的孩子

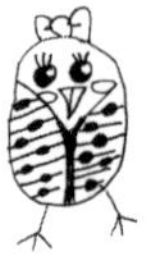

一切都因为是自己的孩子

读书会上，一位妈妈面带愁容地举手发言：“我的孩子好喜欢说话，就算只是单纯问他这个你喜不喜欢，他都可以从头到尾讲十分钟，甚至编成一个故事，听到最后才知道他的答案是什么。我真的没办法随时这样应付他，别人哪有那么多时间听他说话，这样该怎么办呢？”

听完她的陈述，我并没有立刻回答，先开口问了问其他人：“大家觉得呢？”这一问引发其他家长此起彼落的响应：“我多希望我孩子这样啊，每天问她事情都问不出来。”“这样有什么不好？编剧或者写小说的超需要这样的功力吧！”

大伙儿七嘴八舌的时候，我立刻回想起上礼拜也有位爸爸同样担心：“我的女儿实在太为别人着想了，什么都想照顾别人，想着别人喜欢吃什么、喜欢做什么活动，然后替对方安排或是迎合对方，虽然我很高兴她有这样温柔体贴的心，但是很怕她在外面吃亏，得不到别人同样的对待，甚至以后谈恋爱……我实在是不敢想了。”

“这世界上没有一个理想的孩子，只因为那是自己的孩子啊。”我最后悠悠地吐出这句话。

哪一个父母不曾经历过这样反复的思考呢？同样的一种特质，在别的孩子身上发挥，我们会懂得欣赏，甚至觉得羡慕无比，一旦换成自己的孩子，却可以立刻想出一串担心清单。即使当下觉察自己的偏颇思维，敲敲脑袋想恢复理性思考，但杞人忧天的信号仍一闪一灭地提醒着我们。

孩子的特质，无法以好坏来分

举个再简单不过的例子，想想《汤姆·索亚历险记》里的汤姆，我们读着书、看着卡通，觉得汤姆有意思极了，真是个创意无限、胆识过人又身手灵活的聪明孩子！但要是汤姆是自个儿家的孩子，大概就没几个父母笑得出来。

我们巴不得自己孩子拥有全部的好的特质——看到别

的孩子善良体贴，就希望自己的孩子也有同理心；看到别的孩子勇敢尝试，回头也期待自己的孩子能冒险犯难；看到别的孩子有厉害的一技之长，不免也要自己的孩子别只爱念书而已。

不妨做个练习试试看，说出每项特质的负面效应：比如善良体贴可能被人欺负、受骗上当；勇敢尝试可能壮烈牺牲或一身是伤；至于有一技之长的，我们就会操心这专长以后能否当饭吃。（反着想的练习是不是既熟悉又简单？）

除了父母心干扰我们的理性思考之外，我们本身的个性和特质也会影响看法，想想若是个爱讲话的孩子偏偏碰上怕啰唆、没耐心的妈妈，喜爱户外运动的野孩子却有个爱去咖啡店的City Mum（辣妈），精明能干的父母刚好有个老实憨直的儿子……

父母的成就，不一定能在孩子身上验证

虽然没有统计数字，只有平日累积的观察，但我发现，越是肯定自己现在成就的父母，越难改变对特质的评价和印象；这些结论来自自身的各种人生经验，因此什么是比较好的、什么是比较坏的特质在潜意识里已有判断，即使嘴上说得好听，但现实生活里仍忍不住有所期待，甚至想插手改变。

就像是妹妹每次不论大小考，考卷背面就是她的画纸，几乎每张总有大小篇幅不等的涂鸦，几次拍照跟好友亲戚分享，总会赢得很多赞许留言，也许你也会觉得可爱有创意极了，但要是换成自己的孩子，考卷写得粗心大意不说，翻到背面看，涂鸦还上色写对白，你仍然能这么轻松对待吗？

教养不能光说不练，还得经过当下事件反应的考验。走过以上的心路历程，如今我也能笑笑地先把每张考卷画扫描下来存盘，等妹妹介绍完最新画作后，再把画纸翻面看看考卷，称赞妹妹写考卷的速度和精准度，毕竟，需要高度熟练和专心才能一次完成两件事，对吧？

让理性平衡担心

下一次若觉察到心中的魔鬼又要兴风作浪、引发情绪大战的时候，也许可以换位思考一下：如果这是别人的孩子发生的情况，我会怎么解读？我还会这么生气难过、紧张担心吗？

我猜，绝对能立刻降温一半以上，剩下的事情就能够冷静地使用左脑的理智，好好和孩子一起找出困难点和冲突点，而不是自己也当起算命预言师，觉得事情严重到足以影响孩子的一辈子了。

家长的日常反思

·我们是否总能轻易发现别人的优点呢？

·我们是否总觉得自己的优点是“应该要具备”的呢？

·别人称赞自己孩子的时候，我们的反应又是什么呢？

保留孩子诠释世界的权利，就是对世界最大的温柔

我不要将悲观传染给小孩。我让自己的悲观与作品保持距离。我不认为大人应该将自己对世界的看法强加在孩子身上，小孩有充分的能力可以形成他们的看法。

——宫崎骏

回忆自己的整个童年，印象最深刻的只有两件事情：珠心算和跳舞比赛。这一动一静、本质相反的活动，几乎占据了我的童年时光。为了谋生增加家庭收入，妈妈自立开设珠心算班，尽管我非常痛恨任何要坐下来的活动，但在必须成为活招牌的现实压力下，我们家三姊弟都很早就已经七段

八段了。

谁有特权？小孩比你想的更敏感

到大班五六岁的时候，在老师的鼓励下，我报名参加“六灯奖”节目的儿童唱游比赛，这一路过关斩将，练习和比赛录像的时间也长达好几个月。在最后一战六度五关的那场比赛里，挑战我的那位对手连续NG重录了好几次，最后却仍然获胜，这个结果让现场的人感到错愕，就连参加录像的观众们也发出抗议。

对我而言，我最喜欢的是站在台上跳舞唱歌的感觉，对比赛的得失倒看得没那么重，但是重跳好几次的人获胜，我的不解多于难过。现场气氛很紧张，爸爸把我抱起来准备离开，这时工作人员忍不住跑过来低声安慰我的父母：“这个挑战者的舞蹈老师就是评审，其实一开始他们就安排好结果了。”

也许他们以为我听不懂，但这段话、当时的灯光、温度、我伏在爸爸肩头上看出去的视野和大家低声惋惜的声音，至今像电影一般生动地记在我脑海里。

上了小学，意外进入老师小孩班，班上特殊分子这么多，师资绝对都是一流之选，享受这种黄金组合似乎运气不错，然而当分配资源时，就能实际感受到巧妙的安排。还记得有一年语文竞赛，每班每项派一名选手参加校内选拔，一向口才不错的我希望能参加演讲比赛，不过最后名单公布时是另一名老师的小孩。

那位同学的口才也很好，但我不认为自己会输给她，于是下课后立刻跑去找老师，向老师表达参加演讲比赛的意愿，顺便提议不如我跟她在班上先比一次，赢的人当选班上代表。老师当时愣了一下，很有智慧地说让她想想怎么做比较好，我开心地谢谢老师并相信老师知道我的实力，虽然她是老师的小孩，但是那又怎么样呢?

我们并没有在班上举行预赛，而是破天荒地在这个项目上派出了两位选手。一直到初中时我才从其他老师口中辗转得知，当时的导师为了我，特地在学校会议中争取破格提名，而那一年我也争气地一路打到当时的省赛，但从此之后，我也因为破格参赛而成了学校里的特权分子。

这样的事情不胜枚举，生活在其中所感受的各种比较压力、暗地里的资源角力，是我童年记忆里每天都不断发生的事。自己的爸妈个性温和敦厚，反而常常要我不要争、不要计较，当个性直接又不服输的我吃了暗亏的时候，也就渐渐养成不回家诉苦的习惯。就这样，我这个特权分子竟然和这群老师小孩一路周旋到初中毕业，不知道是不是因为这样，这些点点滴滴反而成了自己的动力，在学校小有名气后，狗屁倒灶（见不得人的事）的事也就没那么多了。

除了大喊不公平，还可以这样理解世界

如果说谁曾切身感受到阶级特权或不公平，那么，我想我应该很有资格说些什么才是；然而我之所以没有变成一个愤世嫉俗、满嘴抗议的人，也是因为在每次过程中，我感受到其他人暗地里的帮忙协助，甚至是当权者也尽力想圆满的努力，也许他们没有立刻打破体制结构的勇气，但是每个人都在自己的岗位上，往更好的方向移动一点点。

长大后想得更多了：

是因为自己运气太好、八字太重，命中都有贵人相助吗？还是有别的原因让别人愿意出手成全呢？

当我因此有了不同的待遇之后，是不是在别人眼中其实也是特权分子呢？我真的和他们有那么不一样吗？

若我的孩子遇到类似的事，我该如何跟她解释这个世界呢？

不被既定想法困住

意识到自己被特权或莫名的理由限制住很不好受，当年年轻气盛又冲动的我，简直就是活生生的一只大刺猬，我猜想自己这么幸运的原因，应该是“不以当下结果”做最后结论，先撇开自己有没有达到目的，而以更宽广的方式进行谈

判，不先指责对方是坏人，这样反而能达到自己预期的结果。

执着于“自己认为应得的结果”，就很容易觉得全世界都对不起自己。但很多事情不是谁是坏人，而是系统性的问题，就算当下狠狠地把这个系统敲破一角，对某些人也许公平了点，但从其他角度看，就未必如此了。

当时还是孩子的我，怎么可能会有这种人生智慧，充其量就是策略性思考而已，但真正渗入我脑袋里的，恐怕还是对人性抱持乐观的正能量。

教孩子看见事情的不同面向

这并不意味着我认为社会有多公平正义，我也曾为了我所认同的理念诉求努力，甚至有激进的行动；只是我认为我没有资格直接告诉孩子这个世界、这个社会应该怎么解读，极力避免任何视角遗传和立场世袭；不以父母的角度筛选信息和活动，让孩子过早地对很多事情产生结论。

举核电的例子来说，若父母保持反核立场，势必可以提供很多数据信息、报道故事来支持自己的言论，但是我们有没有也提供拥核人士的说法和证据呢？孩子有没有机会接触对等的信息呢？他们有没有机会形成自己的看法和立场，而未必与父母相同呢？我们能接受孩子的立场和自己不同吗？

就像是宫崎骏动画里的世界一向都不完美，即使里头藏着的细节如此写实灰暗，我们最终领略到的仍是希望、爱和改变现况的浪漫与热情；即使一遍又一遍反复观看，随着年纪和心态不同，从中领悟的信息也会随之转变。

《因为宝宝笑了》是一位日本母亲在“3·11”地震后为了孩子而创作出来的绘本，其中有一段是这样的：“无论什么时候，宝宝的世界都才刚开始而已……不要说，这个才刚开始的世界很糟糕！我们想活着、我们想爱、我们想触摸、我们想感觉……”或许这也与宫崎骏抱持的信念相似，让孩子们随着自身的际遇切实感受着。

人的价值观会随着碰到的人、事、物不断地进行修正和微调，此时此刻我们深信的，未必就是最真实正确的。虽然孩子们代表未来的希望，但对未来保有希望的方法，不是在孩子身上复制自以为是的正义，而是让他们怀有一颗温柔感人的心，用自己的方法诠释人生、用自己的双手改造世界。

家长的日常反思

· 我们曾有过急地想跟孩子说明是非黑白的经验吗？

· 孩子的反应和我们预料的一样吗？

· 若孩子有不同判断，我们又该如何继续与孩子的对话呢？

因为是你，孩子才放心脆弱

类似的尴尬场面已经不止一次了。

妹妹和好姊妹们一起相约出去玩，孩子们在田野间自由奔跑，我们家长就落在后头边走边聊；突然瞥见前方的女孩子们似乎有点争执，她们瞬间安静下来，没说几句话之后便前前后后地呈纵队前进，气氛很不寻常。

一时之间我们大人没多想，看没什么大碍也就继续前进，到了目的地，准备野餐休息，等到一切都安顿下来之后，没想到妹妹突然扑到我身上放声大哭。

“哎呀，发生什么事啦？”这突如其来的举动把所有人吓了一跳。妹妹抽抽搭搭地描述刚刚发生的争执过程，显然刚刚的平静并非结束，而是大家赌气不想讲话。

说不定大家也有类似的经验：当你不在孩子身边的时候，他是不惹事的乖宝宝，甚至是别人眼中的模范生，碰到什么麻烦也不哭闹不争吵，情绪安定冷静；但要是你一出现在他眼前，突然间他就像拔开香槟瓶塞一样，哭得惊天动地，仿佛受了多大委屈似的，或者开始跟你说三道四，滔滔不绝地表达许多意见。

我家妹妹就是如此，因此我戏称自己为“开关妈妈”——孩子看到妈妈就触碰到某种情绪开关，顿时一发不可收拾。

“开关妈妈”并不好当，除了和平常一样需要承接孩子突如其来的情绪风暴，想办法在短时间内弄清楚来龙去脉，还得同时注意身旁环境和其他人的反应，综合评估该留在原地解决事情还是换个地方说话、该找事主讨论商量还是引导孩子就好。当然，更多时候，我们现场最急需处理的，是强迫自己忽略他人的种种关爱、紧张、惊讶、不解的混杂眼光。

那些眼光有时多了一点怀疑：刚刚这孩子还好好的，怎么突然就变了样？是想告状吗？事情有这么严重吗？有事刚刚怎么不说？这种不太舒服的感觉也使其他跟孩子相处的大人有挫折感，孩子的反应让现场的大人觉得自己被隐瞒，甚至也会不大高兴，觉得这孩子有话不说，很难相处……

“开关父母”不只要处理孩子，有时候还得同时安抚其他感到不舒服的大人。

父母是孩子唯一放心发泄情绪的人

有些孩子的天生气质是谨慎小心，不喜冲突也不善处理冲突，人生经验还不够的时候，遇到事情的第一个念头是先忍耐再观察；另一种情况是孩子与现场的大人信任度或熟识度不够，对对方的反应是否如预期没有把握，因此孩子当下不轻举妄动，旁人自然不易察觉孩子的心情变化。

孩子不见得应付不来，在这个过程里他们自然也吸收经验，形成自己的判断，但是理智归理智，强忍住情感脆弱的一面，只会在最放心的人面前释放。这也代表着孩子与父母的亲子关系质量良好，他们只是想放松痛快哭一场，无关软弱，只是表达伤心、沮丧、难过的心，此时“抱紧处理”就好。

我们不逼孩子关紧这扇窗，继续维持这个出口，才有了解孩子、解开心结的线索。

引导孩子回顾自己的担忧或恐惧

等哭过一段之后，孩子或许开始抽抽搭搭地倾诉自己的遭遇和想法，有的时候需要大人的认可，有的时候也想听听大人的意见。

面对这样的孩子，不见得需要给具体的意见，而是引导他们进一步回顾自己当时害怕什么、担心什么、考虑哪些事情、为什么会做出这样的选择……这些才是真正影响孩子如何面对事情的因素，若能借这些机会抽丝剥茧，他们就能拥有更多机会了解自己的特质和个性，每种个性绝对有好有坏，“开关父母”最怕的，就是对孩子只有负面的投射想象。

最后也是最重要的，便是陪着孩子再一次向当事人表达感受、寻求共识，让其他人知道孩子遇到的困难，而不是他们可能以为的夸张告状。

勇敢不是什么都不怕，而是知道自己怕什么

以色列作家艾加·凯磊的《再让我说个故事好不好》中一个短篇故事这么写着：“……突然想起社会课老师说，第一个使用棍子的人类并不是部落里最强壮的，也不是最聪明的。只是别人不需要棍子，他需要。他比别人更需要棍子来弥补自己的弱，比别人更需要靠棍子求生……”

我们会不会一直误会，以为拿棍子的人是最勇敢的呢？拿棍子的人是最了解自己的人，最了解自己的人才能找出属于自己的定位、属于自己的生存方式。

孩子愿意开灯找我们，“开关父母”有绝佳的机会让孩子有更多机会认识自己，别因为要训练孩子勇敢而推开他

们；同时也别忘了让孩子自己选择关灯的时间，因为那样事情才是真正过去了。

家长的日常反思

·我们能不能做孩子情绪的“练习沙包”呢？

·当孩子向我们宣泄情绪时，我们又该如何消化解读，而不被影响判断呢？

02

每个决定都关乎如何选择

每个父母都是孩子的选择设计师

很多人对妹妹的生活日常感到很好奇，心想一个出书写作还谈教养的全职妈妈应该对课外活动很有主张，不知道安排些什么特别的活动，然而每次当我分享妹妹有上英文班的时候，竟然都意外地接收到不解的眼光。

“啊，你也会让孩子补英文哦？”

“啊，你不是说英文没那么重要吗？”

是啊，至今我和老公仍然非常不赞成补习文化，更不觉得外语能力是小学时期必备的重要项目，那么为什么我们会有这个决定呢？

这个故事起源于一本书，让我放下自己的坚持，稍稍思考关于做选择不同的面向。

简单的选择，背后有深沉的思考

在《推力》这本书中提及美国一项有趣的实验：学校的营养午餐菜色不变，但改变食物的摆放顺序与展示方式，看看是否会影响孩子们的选择。于是设计师找来十几家学校的自助餐厅，请他们按照特定的顺序摆放食物：有些是甜点摆前面，有些是甜点摆最后；有些是在和眼睛高度差不多的地方摆薯条，另一个地方在同样的位置摆胡萝卜。结果发现：只不过是调整食物的排列组合，就会影响孩子们挑选食物的意愿，而学校也利用这样的发现，成功引导孩子们多食用健康食物。

微小的改变就能影响人们的选择，这就是“选择设计”的概念。

日常生活里运用这个概念的机会可多了：自助餐厅老板会将最健康的、获利最高的，或是昨晚卖剩的菜怎么摆放？超市或便利商店的上架陈列考虑的又是什么？利润最高的还是添加物最少的？事实上，选择设计应用的层面远比想象中的强大：如何提高器官捐赠率？稍稍改变一下选择内容，就能毫无意识地影响人们的决定——而且是我们自己明智的选择。

不知道当大家惊觉原来这一切暗藏玄机时，感受如何？

有点被骗被操弄的感觉？还是觉得松了一口气，要搞懂所有的选项真不简单，有专业建议也不错？毕竟选基金、买保险、买房子……我们不也都依赖专业人士给出的意见吗？

这个概念相信父母们并不陌生，说不定早就是实践者：为了让孩子心甘情愿地参加某种活动或规范，或是对哪门学科发生兴趣，各家父母和老师无不挖空心思、想尽办法引导孩子。

听起来有点矛盾。我们知道要尊重孩子的兴趣发展和特质，勉强孩子学习根本毫无效果，但另一方面我们也不禁怀疑，孩子尚在摸索学习阶段，尤其是中低年级以前，若没有广泛接触各类知识的经验，真能分辨喜欢与不喜欢吗？会不会有其他因素影响孩子的判断，而非单纯天生的兴趣使然？

现实生活里，我果真碰到了这样的难题。

细究孩子的选择

妹妹自小语言发展很快，在幼儿园里最喜欢上的就是认字、闽南语课，还常常拿着笔要我写字让她学着画，然而有趣的是她大班之后坚持自己不喜欢英文，上了小学情况变得更明显，虽然学校成绩没有问题，但不论是多有趣的绘本、歌曲、游戏，只要跟英文一有关系，她就立刻自动进入关机模式。

排斥力道大得让我觉得奇怪。妹妹念的是一般幼儿园和小学，未曾特别加强英文，也没上过其他的课，怎么单单就特别讨厌英文？平常生活里会拉着我们问：这句闽南语怎么讲？看日本卡通会好奇想听日文发音……一个喜欢语言的孩子，难道真的会只讨厌某种语言吗？

爸爸对这件事抱持不同看法。他认为讨厌英文也没关系，语言只是工具，重要的是脑袋里有没有创意。如果我不会担心她讨厌直排轮、下围棋，那为什么要特别担心孩子讨厌英文呢？爸爸一再提醒我，是否我不小心也落入“以为英文好就有竞争力”的迷思里，才会对孩子讨厌英文这么敏感？

这番讨论让我有机会更诚实地面对自己：到底是放不下孩子的英文能力、害怕孩子输给别人，还是真的觉得单单讨厌英文不太对劲？

适逢一年级学期结束，学校发回的英文成绩是“优”，我试探着问妹妹：

“你这么讨厌英文，还能考这么好啊？很不简单哦。”

“讨厌归讨厌，学校还是有英文课的，我还是会念啊。”妹妹回答。

“你有没有想过为什么讨厌英文，但很喜欢闽南语啊？”

“我也不知道，反正就是这样。”妹妹一点都不想继续对话。

几项事实渐渐拼凑出我的猜想。妹妹的考试成绩排除了学习的挫折感、平常生活显现出对语言的浓厚兴趣，那么，最有可能的原因就是过去老师的教学方法让她感到无聊，也许记忆背诵让她做出“英文很无聊，我讨厌英文”的结论，而她其实没尝试过学校之外的任何英文课。

猜想归猜想，去上上其他的课，就知道是不是这样。于是我安排了家附近三家英文补习班的试听课程，与妹妹约法三章，如果这三家听完还是讨厌英文，那妈妈绝对不会强迫她报名。这个行动一公布，不仅妹妹哀号，爸爸也不以为然，但我以过去建立的良好信用担保，请大家给彼此机会试试看。

听完第一家，妹妹很受吸引，却担心和其他人程度差距太大而作罢。第二家听完，妹妹喜欢极了，拉着我到柜台想立刻报名；我踩了刹车，希望三家听完一起讨论之后再做决定。第三家听到一半，她借口上厕所跑出来找我：“妈，你有带钱吗？我觉得这家是我最喜欢的，我怕报不上，你快去登记哦！”

虽然爸爸仍持保留态度，但答应先依妹妹的意愿报名第三家，看看这股热情是否会随时间而消退。才不过第二堂课，爸爸便跟我分享父女洗澡时光的对话，妹妹不仅开始满口乱说英文，还很自豪地说：“我觉得我英文很好耶！”自此之后，家里布满灰尘的英文绘本开始有了动静，她正式宣布不再讨厌英文了。

审视自己为孩子做的决定，多问几次“为什么”

对我而言，这是个很重要的教养启示。做父母的，其实无时无刻不在影响孩子，我们的喜好、生活方式、做的选择、对事情的意见，都能展现我们的价值观，这些无声的信息对孩子影响之大，远超乎任何口头上的表达。而不论我们自认为多么尊重孩子、与孩子沟通，我们都无法否认对孩子潜移默化的影响依然存在，只是程度差别而已。

以这个例子来说，我们“不赞成补习文化，也不认为英文好就代表一切”的想法，会让我们轻易接受孩子讨厌英文的事实，但却没有意识到自己同时忽略了孩子讨厌英文的原因（而这可能只是因为刚好符合我们潜意识里的价值判断），对我而言，直到现在，要说出我的孩子在“补英文”这件事，都让我觉得不太自在，甚至觉得有点难为情。

但是当我放下自己对补习的评价，愿意去尝试的时候，轻轻推一把的效果却让我们两个感到惊讶。我们并未改变对孩子开放教育的坚持，但却很小心地不要因自认先进的教育理念而忽视了孩子学习上的矛盾（矛盾是指对语言喜爱却仅排斥英文的现象）。

这绝对不是倡议补习或学英文，因为推力（Nudge）和逼迫（Push）存在着极大差异。推力就像是你自愿站在跳水板上，只差克服心中障碍跨出最后一步，最后教练终于轻轻推你一把完成挑战的意思，而逼迫则是从头到尾你都不想做这件事，却还是得符合别人眼中的期待。

两者间的认定没有客观标准，说穿了就得看做父母的对自己能不能自省、对孩子能不能诚实，否则找个借口把逼迫当作推力，是最常见的自欺伎俩。

人类与其他多数动物不同，动物的幼儿通常必须在短时间内离家自立，而婴儿则必须依赖父母十几年后才有能力独立生活，尤其是在婴幼儿时期，几乎是父母代为决定生活上的一切。我们替孩子选择食物，选择生活环境，选择幼儿园，选择玩具、绘本……然而千万别忘记了，当孩子的自我意识逐渐发展成熟之际，我们必须停下来，仔细地观察、中立地解读，而后提供相关的资源，让孩子做选择。

家长的日常反思

· 我们喜欢“做选择”的感觉吗？

· 我们能意识到每个选择背后的风险与机会成本吗？

· 谁能替孩子评估该承受哪种风险呢？交给别人做选择，是否就能意味着自己没有责任了呢？

让孩子决定交什么朋友

“妈，他刚打我一下，我又没打他！”

“妈，我不想玩鬼抓人游戏了，可是他都不听，还一直追我。”

“妈，他刚故意跑来拉我衣服害我吓一跳，我跟他说不要这样他都不理。”

……

上小学后的妹妹，三不五时就会跟我抱怨男生们的种种“恶行”，更别提暑假期间妈妈们的聚会一多，平时不常碰头的孩子们聚在一起，难免默契不足、擦枪走火——尤其是小男生、小女生那种像是游戏又像是试探的互动。

原本卷起袖子、准备大展身手积极介入协调的我，突然觉得妹妹的眼神不太一样，以前满腹委屈的含泪的“琼瑶”表情不再，取而代之的是有点无可奈何但又不太甘心的眼神。

我突然意识到，妹妹已经长大了。她不再是学龄前的幼儿，对于语言的掌握度和行为意识已具有认知基础，该表达的她会表达、想说的也会自己说，那么，大人面对孩子们之间的争吵的处理方式，是否也应随着孩子长大，而有些不同呢？

这次来换个方式看看。

教孩子协调人际，让孩子学习取舍

“哦，他打你哪里？有受伤吗？还痛吗？”我猜想这或许也是种撒娇，那就先同理一下她需要被安慰的心情。

“不痛啦，没怎样，可是我怎么跟他说都不听，就会一直闹我。”妹妹嘴巴抱怨，眼睛可是没离开过对方。

“所以你分得清楚这是打你还是玩闹，对吗？也许这是他邀请你玩的意思？还是这是他想玩的方式？”从小跟男生打架长大的我，心里猜想八九不离十。

“但是我不喜欢这种方式啊，我跟他说了，他又不理我。”妹妹终于把眼神看向我，这才是困扰的地方。

“你一定会碰到有人不想照着你的方法，又不是好好说别人就一定要听你的。那我问你，你觉得跑来跟妈妈说，妈妈可以怎么帮你？我去跟他说，他就会照着做吗？”这世界哪有想象中的美好，如果大家都可以好好说，那就天下太平了。

妹妹摇摇头。

“妈妈也只能安慰你，保护你不受到身体的伤害，但其实妈妈无法替你解决任何问题，最后你还是必须自己做决定。”

“什么决定？”妹妹有点讶异。

“你还想不想跟这个人做朋友？他可能很热情、很冲动，但也很好玩，还是他带给你的困扰和不舒服超过有趣、好玩的程度，让你很紧张害怕？这些妈妈都感觉不到，只有你自己知道。如果还想跟他做朋友，那就动动脑筋换个策略，有很多方法可以试试，自己也要做些调整。如果你真的觉得不开心，那就不必硬要当朋友，各玩各的就好。妈妈虽然和阿姨是好朋友，但不认为你和他一定也要是朋友。”

妹妹当下没有回答我，但是她立刻从我身边跑开。再过五分钟，我偷看她和他，偶尔还会传来互相指责抱怨的声音，但两个都没有翻脸不认人；中午吃饭，两个对坐一张桌子吃意大利面，聊得津津有味、眉飞色舞，侧拍下来，说不定还会被误以为是“青梅竹马”。

抱怨仍然有、行为磨合中，但那并不影响友谊发展，最重要的是，决定要交这个朋友的是孩子本身，而不是妈妈们的期待或鼓励，因此，她的决定会让她自己调整包容弹性、交友策略，以及对对方的反应期待。

在这同时，我也准备好其他情境的应对方案：要是妹妹决定不交这个朋友，那么顶多以后聚会时请她让我独自参加，因为妈妈决定要继续交阿姨这个朋友！

感受自己，理解他人

当然，妹妹也有可能一直做出“不要交这种朋友”的选择，以逃避困境。那么，我想我会暂时按兵不动，依照她的选择，因为同时她也将体验放弃的感觉，她必须比较，哪一种感觉她更无法忍受？或者暗暗观察其他孩子的反应后，才能比较出自己的坚持和界限是否需要调整。

孩子间的冲突千百种，人与人之间的化学变化一旦不同，容忍度也差异甚远。我们在学龄前传递给孩子的做人原则，有时只能谨守行为的道德底线，无法应付顿时复杂的人际关系，把交友决定权交给孩子，他们的决定也会无形中影响自己。

然而，这并不代表我们要完全放手不管，而是正面引导孩子看出每个人的特质和个性、多让孩子练习理解他人行为之后，再让孩子思考自己目前是否有能力应付、是否想要应付这样的考验。如果应付过程中遇到难题，那么我们又有机会陪着孩子练功，让孩子拥有更多能力。

当孩子长大了，我们就该让孩子尽量多感受自己，而不是听我们说那么多。

家长的日常反思

· 我们喜欢孩子交的朋友吗？

· 孩子喜欢我们大人的朋友吗？

· 孩子选择朋友的考虑因素和我们的又有什么不同呢？

感兴趣的，未必就是天赋

近年来，多元天赋理论让我们对人的各种能力和特质大开眼界，逐渐放弃单一才能的评价，渐渐跳脱智育的追求，开始关心孩子各方面的兴趣与表现。但若尚未摆脱任何得失心和虚荣心，那么，缺乏自我觉察的父母可能又掉入另一个仓鼠转轮的陷阱里，让自己和孩子更喘不过气来。

妹妹喜爱画画、手作，也热爱自然与动植物，于是有一阵子我分享了许多自己很感兴趣的展览，或者发现什么好玩的DIY也拉着她做，更别提从图书馆里自以为是地借了些相关的绘本和书籍，兴冲冲地打算顺着兴趣发展，希望她能尽早发现自己的天赋。

不料妹妹一股脑儿全数打回票，只要是我开口推荐的，她都否决，瞧也不瞧一眼，甚至到了为反对而反对的地步。很快地，我们便摊开直说：

“你可以告诉我发生什么事了吗？原本你喜欢的活动都不要，只要我说什么，你想也不想就全部拒绝，是这样吗？还是我误会你了？”

“我喜欢画画但不想看别人的作品，我喜欢动物自己会找来看，反正你不要管这么多就对了。”妹妹承认我的感受没错。

“为什么这是‘管’？问题是，我安排别的活动你也不一定感兴趣啊？”我高声抗议。

“我也不会说那种感觉，反正你先不用找我有兴趣的就好。我不想参加活动会跟你说就对了。”妹妹仍然坚持她的奇怪感觉。

做父母的被浇了一头冷水，顿时清醒了许多，虽然难掩心中的挫折感，但至少先停止彼此不必要的冲突，才有可能再和孩子有更深的联结。深思一夜，决定先把孩子的话听进去，此路不通就无须勉强，我不再一头热地特意观察或多问些什么。

父母的全力支持，可能是期待与压力

隔几天后的某个晚上，妹妹热情地邀请我和爸爸玩“实话实说——猜猜别人眼中的自己”的桌游，每个人必须猜出别人可能给你哪些描述，妹妹一次就猜对我给的牌：“没在听”“爱放空”，让我扑哧大笑，原来她都知道啊！

机不可失，当然要顺藤摸瓜打开话匣子：“你好厉害，原来你都知道自己在干吗，那到底你什么时候会放空啊？给妈妈一点提示，这样我省点力气啰唆。”

妹妹突然正经起来：“我以后不管做什么职业，用什么赚钱，都会一直画画就对了。所以我可以当一个会画画的老师、会画画的服务生、会画画的考古学家，还是会画画的设计师，我现在也不知道耶……你不要那么认真。”

看似文不对题的回答，却意外地点醒我自己没有觉察的期待，而孩子敏感地感受到妈妈热情安排活动背后的压力，因此就默默选择“没在听”了。我被狠狠敲了一记，差点自己就骗了自己。那些说什么陶冶性情、顺着兴趣发展的借口，分明隐含着不敢承认的期望。

让孩子的兴趣只是兴趣

的确，我总认为有机会把兴趣和工作结合在一起是多幸福和幸运的事情，也误以为兴趣就意味着才能天赋，把这些概念混淆在一起，等于逼孩子放弃单纯的人生兴味，谁说喜欢做的事情就是擅长的天赋，甚至可以谋生呢？

想得更深的是，当我们被孩子的兴趣分神之后，也等于无意间放弃引导孩子尝试其他更多元的活动，这样的反淘汰或许限制孩子自身的探索可能，用父母自己的视野筛选风景，哪说得上是帮助孩子发展呢?

想到这里，我立刻精神一振："妹妹，我们这周日去溯溪吧！"

"啊？妈妈我有点害怕耶，为什么选这个？"

"因为我玩过很喜欢所以推荐给你啊，不用怕，我和教练都在你旁边，活动很安全，只要你愿意尝试就好了。"我这种行动派边说边上网找照片给妹妹参考，又恢复原本的热血本色。

"嗯……好，你陪我的话，我就试试看。"一向怕水怕高的她竟然爽快地一口答应。

就是这个原因，让我准备放下任何想法，管她的兴趣是什么，管她的天赋在哪里，孩子不断地在尝试中领略、在摸索里改变，我们尽管带着孩子开疆辟土发现新大陆就好，剩下的，统统交给孩子自己决定吧。

家长的日常反思

· 我们对孩子喜爱的活动的支持会不会让他们感受到压力?

· 我们日常生活中哪些行为会让孩子感觉我们不支持他们的兴趣?

· 孩子的认知与我们有任何落差吗?

是协助孩子，还是借机控制？

热心的人，不见得是体贴的人，只是想让对方依赖自己，真切感受到自己是个重要的存在。

——阿德勒

现代工商社会里多了一门隔代教养的冲突管理选修课，许多双薪家庭仰赖婆家或娘家的支持系统，孩子在不同环境规范里生活，世代价值观相互抵触时，各种抱怨或冲突便因此而生：

“没办法，老一辈的就是舍不得孩子哭，跟老人家说什么都不对，毕竟人家帮自己这么多，又接送又煮晚餐，不想惹他们不高兴就算了。”

“我妈每次都觉得我家里打扫得不够干净，一定要过来帮我整理打扫，然后边做边念边批评，虽然我听得很烦，不过下班之后不用做家事就忍一忍吧。”

必须依赖上一代生活上的支持，这个现实让许多父母在教养中隐忍妥协，久而久之沟通不良，反而变成心中的疙瘩，甚至未来延伸成沟通冲突。然而有趣的是，抱怨完上一代插手教养之后，接下来的对话竟然也似曾相识：

“我每天都帮孩子带便当，其实我超累的，还不是怕他吃得不够营养才这么拼死拼活。”

“现在小孩真的好忙，每天回家都好晚了，我希望他在家的时候舒舒服服不要烦别的事情，专心念书应付考试就够辛苦的了。”

看似没有关联的两代心情，实际上都与依赖和控制息息相关，自己最痛恨的相处模式却不断在生活中重演。父母对孩子的付出和善意若不小心拿捏，那么孩子习惯依赖的结果就是无意识地被控制，反而不容易发展出独立自我；甚至还会背上一辈子的人情债，往后很难拒绝对方的任何要求，变成情感勒索的受害者。

小心！看似好意的控制

当我们抱怨他人时，正是最好的机会察觉自己无意识的依赖行为是否也成为被控制的原因，严格说起来最该抱怨的应该是自己，毕竟任何事情都是你情我愿才有可能发生，谁也勉强不了自己，我们很少意识到，既成模式的生活形态可能就是种依赖，而不仅仅是生活习惯。

而当我们角色对调、成为付出的那一方时，必须随时提醒自己，哪些行为是对方真正需要的协助？该怎么协助才会让对方更有经验和能力，而不是因为比较省时方便，所以“把这件事交给我”就好，或是不自觉借由插手协助表达自己对孩子的关爱，作为未来牺牲奉献的证据？

玛利亚·蒙台梭利给了一个让我们判断介入的原则：“如果那是小孩觉得自己能够成功的任务，我们永远不要去提供帮助。”孩子很大，是我们小看了他们，别让自己的能力极限成为孩子天生注定的框框。当我们情不自禁又想帮忙的时候，应该停下来先问问自己：我的孩子真的做不到吗？我有给他机会自己想办法吗？

事实上，我们不太了解孩子有多少能力，只是觉得他们需要帮忙；我们不太承认孩子可以判断，一味认为他们缺乏经验；我们甚至不太理会孩子的表达，只嚷嚷着说你们不懂。于是我们介入、我们规划、我们指导、我们关心，我们巴不得孩子都愿意听我们的，才能稍感安慰、觉得放心。

给孩子体会力不从心的机会

是的，我也必须承认，在现实生活里，孩子有时会高估自己能力，或者因为凑热闹、爱赌气而认为自己可以。不过，若有机会出现这样的情境更好，让孩子实际为自己说的话行动，体验力不从心的感觉，从中领悟自己尚未建立完整的能力；做父母的也不是袖手旁观地看好戏，而是在不远处耐心守候，等待孩子开口求援，再以行动带领孩子完成任务，表达父母对孩子无条件的爱。

这样的训练让孩子多了些思考面向、多了点生活经验，掌握自己能力的精准度就能这么一次次慢慢建立起来，他才能渐渐真正独立，脱离因他人帮忙而形成的潜在控制。

家长的日常反思

· 检视自己的生活里，有哪些地方不自觉地被控制了呢？

· 我们有意识到并做出改变吗？

· 若改变需要具备某些条件，那么我们会积极地准备并迎接改变吗？

观看事情的角度，是可以选择的

妹妹念的是一般公立小学，在每天放学走回家的路上，就会立刻呱啦呱啦不停说着今天发生的各种事情和她的评论。这位小小评论家对事情很有意见，从老师的处置、后续同学的反应、学校活动的安排，甚至是营养午餐，都能每天发表高见。

我常常想象孩子思考事情的方式，一开始比较像以管窥天，先以自身有限的经验和语言认知能力解读事件，所以一开始大多是抱怨的口气，难免有时过于偏隘或感情用事。这时大人的反应格外重要，我们传达给孩子的是同样愤愤不平的情绪，还是有机会多听一些、多想一些再做判断？

丢问题给孩子，拓展孩子的思考面向

妹妹喜欢画画，于是课本、考卷背面也不放过，有时特意加上对白，每次带回来必定扬扬得意，解说一番。我还记得有次老师跟我反映，妹妹上课时低着头画画，目光没有追随老师，比起刚开学时不专心许多；妹妹知道老师的说法后感到有些委屈，她认为只有老师在重复讲解的时候她才低头画画，其他时间仍非常专心。

“哦，所以你觉得老师误会你了？”妹妹点点头。

“那你觉得老师为什么会在意你画画？如果下课画画，老师会怎么样？”

“老师没有不喜欢我画画，是因为老师不喜欢同学上课不专心。”妹妹说出第一层的理解。

“那为什么老师不喜欢？你要不要猜猜看？”我们开始往下走。

此时我们的责任在于是否能拓展孩子的视野关口，让孩子练习越看越宽广，从中获得更多的信息以接近全貌，另外确保关口上没有覆盖任何有颜色的玻璃纸，才有机会让孩子抽离情感框架，慢慢体认、分辨情绪对思考事情的影响。

毕竟生气永远不嫌晚，真的不必急于一时。与其担心孩子被贴标签或不够自由开放，不如先思考还能提供给孩子什么样的思考方向。

“嗯……因为不专心就听不懂，可是我有听懂啊！”她又跳回原来委屈的情绪里。

“那老师为什么在乎你有没有听懂？她也可以不管你，因为你画画又没有吵别人。”先不理会她的干扰，我继续往下讨论。

“我也不知道，因为教会学生是老师的工作？”妹妹猜出一个答案。

“对，这是一个可能，负责的老师当然希望学生都懂。那老师现场要怎么分辨谁听懂谁没听懂呢？”

妹妹摇摇头。

“老师担心你，但现场又无法确定你已经听懂了，所以只好希望每个人都专心看着听着她，这样对吗？如果老师不关心你、没有注意你，或许根本不知道你低头画画呢！”我小心翼翼地做个小结论。

妹妹点点头。

孩子未必选择在第一时间表达意见的原因有很多，有时是因为自己不是当事人，或者反应没那么快整理出来；有时则是因为自己心虚也不敢多说什么……然而这每一件生活大小事都像一道练习题，刺激着孩子感受与思考，借此形成他们自己的解读方式。

“老师是跟妈妈告状没错，但事情背后的原因是什么？你能不能感受得更多一些？这样你就不会觉得那么生气委屈，我们就能帮助老师解决她的担心。”妹妹听到这里心情立刻轻松起来。

同一时间，我选择和老师面谈，请老师再帮我注意妹妹低头画画之后，会不会主动抬起头来、跟上新的节奏。另一方面也观察她的小考成绩。

没隔多久，老师回复说妹妹会主动回神，成绩也没有起伏，看来并非不专心，而是已经会了所以在解说空当画画；这些都是老师自己思考后的结论，其实我什么也没多说，最后我们对于妹妹上课画画这件事就这样达成了共识。

妹妹继续享受画画的自由，也继续感受老师对她的关爱，而我也请老师持续注意她是否专心，谁能担保孩子未来不会有变化呢？

教孩子感受他人的原意，不被自身情绪限制

另一件事也是如此。

妹妹有天沮丧地跟我说语文考了八十六分，当中有两题是自己粗心答错，但是其他被扣分的地方，她认为自己答案并没有错。

“很好啊，你已经懂得先分辨错的类型了。”第一步的自省她已经做到了，我们以往对考试成绩的讨论打下了不错的基础。

“那你怎么不去跟老师讨论你认为没有错的题目呢？”

我接着问。

“我不敢。我想先跟你讨论，我不确定自己是对的。”妹妹说。

回家后，妹妹迫不及待地抽出考卷，原来是造句和照样造句两大题中，有些句子被扣了部分分数，加起来就失掉很多分。仔细研究妹妹写的句子，有些也没什么错，但老师的标准显然不只是答对而已，对句型和用字遣词的精准度也很有要求。

“如果我是老师的话，你写的我应该不会扣分。”我默默地吐出第一句话。

妹妹眼睛亮了：“对啊，我看不出来哪里有错。明明造句我都有用到题目的字，为什么还会被扣一分两分？”

“我不会扣分，是因为我只用一个标准去改考卷，如果你有造对题目的句子我就算全对，除非有错字，可是我觉得你们老师的标准不只有这样而已。”

“不然还有什么标准啦，那这样不公平啊。”妹妹又掉入情绪里。

“老师后来有教你们订正，不是吗？你觉得后来的句子有比原本的好吗？”妹妹点点头。

“那你有看看别的同学的考卷也有这样被扣分的吗？”我继续提问。

“有啊，有些同学也是这样。”

“那哪里不公平？老师用同样的标准改考卷就没有不公

平的问题。若你还是觉得不舒服，你要想清楚为什么。”

“我就是觉得八十六分很烂很烂嘛。”妹妹终于说出梗在心中的痛。

“哦，那我们说好不在意分数，考试是帮助我们找出哪里不会，现在你这么在乎这个分数，到底是谁没有做到这点呢？”

妹妹沉默不语。

“你在对自己生气，不要迁怒于老师。老师并没有因为八十六分惩罚你，是你自己惩罚你自己。如果你真的觉得自己写得很好、不应该被扣分，那就去跟老师争取；如果连你自己都觉得后来的句子比较好，那么就把这个扣分当作是用红笔画一颗星星的意思，做个记号，才知道要跟你讨论什么。”

“嗯……把扣分当作画星星记号。”妹妹嘴里跟着念起来，我想应该没事了。

传统教学的现场有许多限制，如同我们在现实生活里总会碰到一些困境和挫折。提供给孩子更多看事情的角度，就不会困在当下的情绪里，更不会把大人世界里的愤恨、悲观植入孩子心里。练习在事情背后看到别人的原意、在事情前面给他人更多信息，我们会发现许多问题产生的原因来自缺乏沟通、来自以防备的眼光诠释他人，真正想伤害我们或孩子的，其实少之又少。

当然，人生难免会碰上真正不平之事，但那时候已经练就沟通本事又能管理情绪的我们，正面迎战克服困境的概率也一定大大增加吧。

家长的日常反思

·同一件事情，我们会因为对象不同而有不同解读吗？我们曾探究过原因吗？

·我们能够在批评的话语中找到让自己进步的元素吗？

有些事，其实父母别无选择

人生有些事情我们别无选择，这句话应该有很多人再同意不过了，可是谈到教养，我们偏偏竟然都固执地不愿承认，自寻烦恼之外，我们还一直找孩子的麻烦。

比如说，讨论“父母能不能当孩子的朋友”就是个十足的假议题。我们哪有办法决定要不要当孩子的朋友？重点是孩子能不能、要不要视你是朋友，还是勾肩搭背有个朋友的样子也能安抚骗过我们？另一个例子是我们也无从得知孩子是否拥有秘密，想想以前特务头子苦刑逼供还不得其门而入，就可知道人心难测，现实与谎言只有一线之隔，其实我们永远无法得知真正的答案。

回到具体的项目上，这个原则依旧适用，例如可不可以玩电动、该不该让他自己上学、要不要让孩子补习……这些看似家长能够做决定的事情，往往占据了我们很多时间讨论，煞有介事地反复思量、请教各方人士，但事实真相是我们到头来只能做表象上的决定，耗尽心力做的选择却大多无关乎事情的本质。

限制规范，到底防了什么？

其中一件就是孩子人身安全和自由之间的挣扎，特别是近年来几起社会随机杀人与杀童案，让许多父母开始收手，用放大镜检视孩子生活里的安全漏洞，恐惧也延伸至孩子其他的自主活动，尤其是针对户外活动与社会互动等方面加倍限缩，生怕遭遇无可挽回的危险。

妹妹生活里有件事情，让我深深思考着这些限制规定其实无助于减轻忧虑。

妹妹参加一个团体活动，每周花一个下午在老师带领下探访自然步道，同龄的孩子们活泼好动，小男生们个个身手矫健，爬树登高不算什么，随手一抓就能把各类昆虫乖乖请进观察盒里。小女生们则对花花草草小果子很有兴趣，观察力也很强，各自用自己的节奏享受美好的自然生态。

小男生们从地上拾起树枝枯木，兴致一来就当成刀剑随手比画起来。树枝长短粗细不一、加上原始断裂处较为尖锐，有好几次差点挥打到对方，让旁边的家长们不禁捏把冷汗；此外，在宽度不大、只能纵队前进的步道上，孩子们拿握树枝行走移动，也有可能让自己和前后的同伴受伤。不喜追打游戏的小女生们也常有抱怨，虽然男孩们自成一区玩耍，但是玩开之后四处奔跑，她们得提心吊胆地注意四面八方飞舞的树枝棍子。

情况越演越烈，“不要这样玩”“不要再捡棍子”的口头禁令开始出现，家长和孩子的冲突也随之升高，原本愉悦的课堂气氛变得紧张不已，家长们不仅担心自己孩子的安危，更担心对别人造成不可弥补的伤害。

我和全天下父母一样无法逃脱担心的命运，生命经不起任何一次失误的考验；哪种方式对孩子比较好呢？失去生命什么都不用谈了，但是就算我们限制规范，又真能保证孩子安全无虞吗？孩子会不会变得了无生气地活着？这样到底是为了谁好呢？

不同孩子的需求，应该受到同等的尊重

不同家庭的价值观与包容度差异很大，在标准不一的情境里，孩子们会无所适从，并多方试探规范底线，于是老师和家长共同决定一起和孩子们正式讨论这个困扰彼此的问题。

男孩们先说说自己的感受：为什么要玩这些游戏？为什

么我们觉得不会受伤？为什么拿棍子比较好玩？

女孩们也说说她们的感受：我们为什么害怕？为什么没有参与男孩们的游戏也会不自在？

家长们也说出各种担心和疑虑：为什么一定要玩这个游戏？为什么你们这么有把握不造成伤害？小心就一定可以不受伤吗？万一别人受伤该怎么办？谁能够为此负责呢？

各自陈述之后紧接着是你一言我一语的对话，孩子和家长都同意整体活动安全是最重要的优先考虑的因素，然而除此之外没有其他的共识和交集。说服不了家长老师，眼看着就快要被禁止捡拾树枝棍子，几个孩子有点急了。

身为女孩的家长，尤其又有个谨慎小心的孩子，自然能体会那种潜在的担心压力，但若我们尊重这些孩子免于恐惧的自由，是不是也应该以同等比例尊重另一群孩子游戏的自由呢？会不会我们过于简化这个问题，没有更深入地挖掘而忽略了其他的可能性呢？

“如果连在大自然里都不能随心所欲地自由嬉戏，那么哪里可以呢？大自然应该是最大的空间了吧！”我开口破冰，提出第一个问题。

“如果这些挥打游戏在平地上玩而不是在山上、步道上，是不是我们的担心会少一点？”这是第二个问题。

“有没有什么办法可以将那些‘万一’的伤害，降低成可接受的风险？”第三个问题。

男孩们听到这些问题精神一振，纷纷贡献了许多方法和保证，他们努力争取的可爱模样令人感动。很快地重新讨论后，我们决定请老师指导我们“如何选择正确的树枝枯木，以及如何把树枝变成更安全不伤人的棍棒”；此外，男孩们也无异议地同意，若对方表示不想游戏，就必须尊重意愿立刻停止，玩游戏时必须选择平坦空旷的地方，否则就必须听从大人的建议停止。接下来的时间，大伙儿愉快地跟老师学习该怎么辨认树木的坚固程度、如何选择适合自己身高比例的枝木，以及该如何整理捡来的树枝，让它变得安全无虞。

零风险，是不切实际的期待

世上没有零风险的活动，我们自以为能掌控绝大多数的风险，然而许多数据显示我们根本搞错了方向，那些我们伤透脑筋的选择题，其实发生的概率微乎其微，真正每天造成安全疑虑的那些因素，做父母的根本无从干涉，也就是说“我们根本没有什么选择”。

回到现实生活里，根据中国台湾儿童健康联盟的调查报告，中国台湾一至九岁儿童死亡率高于OECD（经济合作与发展组织）国家和地区，其中事故夺命是主因。另一份中国台湾历年的校园通报数据显示，学童受伤的事故原因中，以意外比例最高，管教冲突位居第二。

这些事故并非令人惧怕的掳人勒索、随机砍人，而是每天生活日常里的活动意外：跌落、坠落、溺水、交通意外，还有火灾地震，等等；至于其他受伤的案件里，最多的来自同学间的打闹游戏，像是楼梯间推挤失足、走廊上奔跑追撞、争吵时的肢体冲突等，还有少数来自环境管理不当或设备老旧，比如实验时未做好防护措施、游戏教具毁损造成受伤。

看来，生活处处是危机啊，每天孩子平安健康原来这么困难。若真要关心孩子的安全，也许我们该放下“要不要让他自己上学”“要不要让他自己和同学出去玩”这种操心烦恼，这些假议题保护不了孩子，我们根本不可能禁止孩子出门去啊。

我们可以借由充实防灾避难知识降低天灾人祸，或通过专业管理把环境设备的疏失降到最低，但这些发生频率较高的意外往往来自孩子们无心的打闹伤害，面对这些“不知道会这样”“不是故意的”的情境，又该怎么努力呢？

孩子们的游戏打闹原本就是天性，缺乏的是对自我行为的理解和控制，经过这些学习和讨论，即使仍有规范，我们和孩子们却感到更加自由：我们没有放弃安全第一的原则，也充分尊重每个人的差异，最重要的是孩子从中获得更多的知识和能力。

一味地禁止或惩罚，并不能帮助孩子意识到个体自由的极限，和对他人空间的尊重，更无法让孩子从生活经验中成长，面临安全问题时也是如此。做父母的我们并不是去选择什么是安全行为、安全活动，而是当作没有选择般去面对这些风险，并带着孩子学习管理和控制风险。

人生最大的冒险就是不冒险，我们都不想让孩子承受最大的冒险，不是吗？

家长的日常反思

· 还有哪些事情也包藏着我们的恐惧？

· 每个父母的恐惧都相同吗？有没有不同的地方呢？

· 恐惧带来的是积极的进步还是消极的逃避？

· 孩子若想探索更多未知的领域，我们传递给孩子的是勇气还是恐惧？

让孩子做决定就是自由吗？

那天在公交车上听到一段对话。从对话里得知这位孩子三岁多的妈妈，和另一位孩子约小学年龄的女性友人一起出游，她兴致勃勃地跟朋友分享最近的生活点滴和教养心得，其中谈到“让孩子自己做选择”的时候，显然朋友跟她的意见有些不同。

“我觉得现在的孩子越来越有主见，还这么小，每天对头发、衣服都有很多意见，一定要自己搭配才愿意出门，其实这样也好，从小练习做决定，自己承受后果，只是有时候意见不一样，真的很麻烦。”

“孩子的能力有限，要是我们什么都开口问他们，他们也是随口说，没什么太大意义，反而给自己找麻烦，太顺从孩子意愿未必是好事，这世界可不会像他妈这样都听他的想法。”

“那照你这样说，不就什么都你决定了？大人当然永远比小孩有能力啊。”起初开口的妈妈很不以为然。

“当然不是这个意思，只是觉得现在大家都鼓吹开放，有点过了头，小孩没有那么多经验，当然就需要家长或老师的指点啊，不然我们的功能难道只有照顾他们吃饭睡觉而已吗？”感觉被误会的另一位妈妈急忙辩解。

我这旁听者越听越觉得混淆，她们两人所指的选择的概念似乎不尽相同，使用同一个词语让人听起来像是教养观念的争辩，但事实上两个好朋友的想法并没有相差太多。

这个案例意外地反映出现今大多教养观的争辩——在不同层次上争论同一个名词。

选择有大有小，不能混为一谈

我们口中说的选择，包含非常多的层次和意义；每一天的生活细节里，我们几乎每分每秒都在做选择：今天中午吃什么、临时抓了哪件衣服穿、跟同事回了什么话、想看哪场电影、先处理哪件事情、基金要不要止损、超市促销要不要跟……有些选择已经成为下意识甚至变成了习惯，有些我们则自认是思考过后才做的理智的决定。

在现今信息爆炸和专业分工的社会，那些我们自以为认真思考之后才做的选择，其实每个选项背后都被设计过，乍听之下有点受骗的感觉，但单靠个人自身的智慧去做选择，思考的完整性却未必会比被设计的选项还要好。举例而言，像是理财保险规划、游学行程、每日营养组合……这些摆在自己面前的选择，其实是经过筛选组合之后的信息，我们当然可以花时间研究内容，从头学起，但根本不可能事事如此，因此差别只在于我们对他人信任的程度，以及自己愿意承受多少风险和责任罢了。

因此，虽然我们拥有选择的自由，但我们根本无从得知所有可能的选项，所以未必能自由地选择。回到刚刚车上发生的对话里，那细微的差别即是在此。

孩子生活里当然充满各种选项，要吃什么晚餐、穿什么衣服、学哪些才艺、要不要参加比赛、要加入哪个夏令营……不胜枚举，若真开口问孩子的意见，通常他们也不会让大人失望，很少回答“随便都可以”。

让孩子觉得自己被尊重，这种教养方法无疑是家长最容易做的选择，让孩子做决定至少能感受自己有选择的自由。

但随着年纪增长，每个选择背后代表的意义和代价越来越大，我不禁问问自己，最容易做的选择是否对孩子真有帮助，或反而是害了他呢？也就是说，我们是否有考虑过选择背后所需要的对称能力？孩子是靠什么判断来回答呢？说得出答案就代表有能力选择吗？

会产生这种疑虑，是听过很多父母讨论自学与否的问题时，把选择权交给孩子，认为是孩子自己的决定：

“我的孩子说学校教育不适合他，他希望能够自学。”

“他比较喜欢自学，这样可以钻研自己喜欢的科目。”

这样的决策方式不禁让人替孩子捏把冷汗。让尚未完整建构对世界认知、生活经验不够丰富的孩子担负起做决定的责任，让孩子先行享受选择的自由，容易对自由与尊重的真义有所误解，反而容易让孩子未来失去真正自由选择的能力。

与其争辩哪些项目应该开放给孩子做决定，或是哪些年纪可以做哪些决定，不如问问自己，有哪些后果是自己或孩子难以负荷的，那就暂时不要贸然开放让孩子选择。这与每个人的价值观和抗压性息息相关，一个自我限制越少、越能接纳失败的人，当然就越能自由地选择，即使最终选择不是最好的，那也只是走岔了路，多转几个弯而已。

这条平衡线不易拿捏，在孩子尚未成年前，不妨提供一些经过设计的选择，让孩子在限缩范围内尝试做决定、体验后果并借此发展自己更多的能力，或许等到自我意识发展得更加成熟并拥有更多经验时，孩子自然能摆脱各种选项的设计，跳出框架思考，届时再放手让孩子享受真正的自由选择吧。

家长的日常反思

·让孩子做决定是否有时会让我们反而感到不自由？

·当大人的自由和孩子的自由有所冲突时，我们又是如何排序的呢？

03

开启对话的钥匙

——尊重与同理

借由重要的小事，展现真正的尊重

这些申诉内容，相信你也一定听过：

“老师，他们都不跟我玩。”

“老师，刚刚他们又乱叫我外号。”

“老师，某某某很讨厌，一直跑过来打断我们玩。”

“老师，有人在吵架怎么办？”

“老师，他刚刚在走廊上跑，撞到某某某都没有说对不起……”

或是：

"妈妈，学校的营养午餐好难吃。"

"妈妈，我不想去上学。"

"妈妈，今天有人笑我跑得很慢。"

"妈妈，中午睡觉我都睡不着好无聊……"

令人哭笑不得的抱怨有时还真的不知道该如何响应，在家里应付自己的孩子就已经筋疲力尽，很难想象当学校里一群孩子争先恐后告状，三头六臂的老师要如何处理纷乱的局面，好让每张脸都心满意足？

其实回头一想，孩子的小学阶段真是人生中最疲累但浪漫的时刻。他们开始掌握自己的能力，对世界抱有极高兴趣，不断展开与他人的探索互动，又在体验过程中感到困惑不解，产生更多细致的情绪感受，最重要的是，他们将父母和老师视为一种公平、正义的化身，满心期待着我们对事件做出反应和评论，以维持他们心目中还存在着的人间乌托邦。

正是因为长大之后他们自然都会了解世间万事的复杂，也会惊觉老师与父母并非完美万能，于是此时此刻的这份纯然信任之心，就格外地需要被珍视对待，而我们如何诠释处理每一件小事，就等于向他们示范我们对自己和对这世界的态度。

我们眼中的小事，可能是孩子的大事

有次提早去学校接妹妹，在操场上看着一群低年级的孩子自己努力排解纠纷，努力之后仍然无法和滋事分子达成共识，最后大伙儿严肃认真地得出结论：“那我们要去告诉老师。”

我心怀好奇地跟着移动，远远看见他们鱼贯走进教室，派出代表跟老师说。教室里的老师正埋头改作业，听完之后放下手中的红笔开口：

“真的是这样吗？那你把某某某叫过来，我们一起谈一谈，还有谁在现场的都一起过来说明。”老师的话像是打开开关般，孩子们遵照次序，一个个轮流发言，要是有人在别人发言时出声反驳，老师也会制止，请他等待。就这样，一件小事处理了半个小时，最后在老师的见证下约法三章后散会，没过多久，这群孩子又毫无嫌隙地立刻玩在一起。

我们眼中的小事，是孩子们生活中的大事。每件事都是一个“闪红灯”的信号，提醒着孩子在这里需要停一下、想一下、思考一下、摸索一下、体验一下、感受一下，这些零零碎碎的信息，就是建构孩子们态度和价值观的小小的螺丝钉，慢慢地一个个锁上、接上，然后在某一天某一个时刻里，孩子们变成了他们自己。

当我们大手一挥、不耐烦地吆喝的时候，就是将孩子抛弃在“闪红灯”的信号前，没有我们的陪伴协助，他们或许会拿捏不好速度、栽了个跟头，所有因此产生的不安、愤怒的情绪，渐渐地变成记忆中的神经，也一起满布在身体的每个角落。

孩子不会突然变了样，之所以变了，是因为我们从未在小事里觉察他们的改变。

孩子不会生来就是如此，之所以如此，是因为我们从未在小事里协助他们。

小事之所以是小事，因为它频繁发生又不会立即有危害，但或许我们应该更改对小事的定义——发生最频繁的事情，才应该叫“人生大事”。

若我们都同意生活不是一件简单的事，那么千万记得，对孩子而言也是如此。

家长的日常反思

·有没有哪些小事每天重复地出现在亲子生活里？

·这些小事代表着什么意义？是孩子遇到了困难，还是有些情绪尚未消化？又或者孩子觉得大人还没进入状况，所以一而再，再而三地提醒我们呢？

跟孩子说真话的沟通艺术

在这个强调自信过了头的社会里，许多父母潜意识里生怕自己让孩子受了挫折，不知不觉间，变成“报喜不报忧”的喜鹊，期待能达到正面鼓励的激励效果。

鼓励孩子的大方向并没有错，但教养里的过与不及都需要极力避免。当孩子无法正确得知自己的行为结果时，这样只说好话的反馈机制反而容易让孩子养成一颗“玻璃心”，只要别人没有给予相同的评价，就会引发负面情绪，有些甚至会怪罪他人或否定自己，更遑论还能保持什么学习兴趣。

小学二年级学期末必须背九九乘法表，比起其他幼儿园里早已背得滚瓜烂熟的同学们，妹妹是少数的新手上路，家里连块有乘法表的垫板都没有。由于严格实施自我管理的学习方法，就算联络簿上写有背诵乘法口诀表的功课，只要妹妹说她背好了，我也就毫不迟疑地签名，除了表达信任，另一方面也希望让她从中体会对自我能力的评估是否正确。

几次下来，老师考默写也都成功通过，直到有一天放学，妹妹一见到我立刻向我报告："妈妈，今天发生一件很严重的事，我的九九乘法考得很烂。"

"哦，几分叫作烂？"

"三十分。"

"哦，考卷有带回来吗？我们一起研究一下。"其实是想裱框起来做纪念。

"有，可是我要跟你说的不是这个，是李某某看到我的考卷，就说：'你考得好烂哦！'她怎么可以这样笑别人，这样会伤到我的心，我很难过也很生气，就去跟老师说。"啊，这样也要告老师，当老师真的不简单。

"她只说你考得很烂，没有说其他的吧？"强忍住笑，我一脸认真地问她。

妹妹摇摇头，表示只有这句话。

"那她说的是事实啊，考三十分的确很烂，这句话换成是老师讲、妈妈讲，会有什么不一样吗？如果她笑你笨、笑你懒，这才是嘲笑。你既然考了这个分数，自己就应该明白这句话没有错。"我牵着她的手，故意不看她的表情，边说边走回家。

"可是她干吗要说？她也可以不说啊。"妹妹还是咽不下这口气。

“当然，她可以选择要不要说出口，但那是她的事情、她的决定，跟你没有关系。我们能控制的只有自己，不是别人。我知道这句话听起来很不舒服，而且又是你的好朋友，心情难免不好，要是我一定也会这样。”严肃的话先告一段落，当然得先安慰一下孩子。

妹妹听到我也有相同的经验，情绪突然缓解不少。我赶紧编了一段被嘲笑的童年往事，表达我对她难过心情的理解，接下来便是讨论该如何转换心情、加强自己背乘法表的能力。

当孩子表现不好，转换身份发言，用情感支持，但不感情用事

这个世界绝对不是父母说了算，孩子终究得面对他人的反应甚至是互相比较，既然无法控制外在变因，就得慢慢提供机会让孩子学习，如何处理来自四面八方、混合虚假或真实的话语和评价。

表现不好的定义因人而异，这里指的并非随意评论孩子的涂鸦、劳作或是功课，而是指外界有具体的分数、排名，或是孩子自己就是觉得不好的时候。

当孩子表现不好，我们得先处理父母自己的各种复杂情

绪：失落感、挫折感、自责、不安、恐惧……一旦自己觉察到这些人之常情，就一定能成功地把理智和感情分开；暂时想象自己是孩子的老师或是第三者，抽离掉其他情绪干扰，接下来说的话就会相对客观中立许多。

准备好之后的第一步，当然是先同理孩子的感受，并让孩子感到安全。同理感受并不是急着替孩子找失败的理由、替面子找台阶下，而是说些自己的经验、他人的故事，能让孩子知道每个人都经历过这些，更不会因为表现不好而影响父母对他的爱，在这一过程中孩子渐渐平静下来，接下来才是“说真话”时刻。

直接不代表粗鲁、真话不一定残酷

“失败为成功之母”的关键因素，是拥有从失败经验中转化具体改进事项的能力；与其拐弯抹角地忸怩表达，不如和孩子来场开诚布公的事后检讨。

这时候，我们仍然保持抽离情绪的第三者身份，语气平和地引导孩子回想，有没有别人表现很棒的地方，如果有，那是哪些？为什么对方可以拥有那样的表现？他可能付出了什么努力？

接着回头想想：自己真的尽力了吗？比起别人的尽力，是不是还有一段距离？自己表现不错的地方是什么？过程中有没有其他干扰因素影响自己的表现？如果有，可能有哪些？下次该如何排除或管理？

这些问题不一定现场就会有答案，但是当孩子动脑筋思考的时候，已经跳脱出情绪控制大脑的机制，开始练习如何从经验中更了解自己，这些客观信息和事实一点也不伤人，重要的是，由孩子自己说出、认可，未来才有可能付诸行动。

有趣的是，讨论过程中通常会发现，孩子们自我检讨的原因和大人大异其趣，大人往往会归咎于孩子不够努力、不够专注；但孩子们有时说出来的是更深层的心理因素，那些对他们影响很大的，都是我们容易忽略的细致角度。

我们得和孩子说真话，那是父母应当承担的教养责任

然而，学习如何正确说真话，也是父母应该练习的重要功课，因为通过真话不仅更能理解彼此，也更能感受到真实的亲密关系，不是那种说“我爱你”的空泛想象，而是“让自己更好”的具体支持。

家长的日常反思

·听到真话为什么有时会感觉受伤呢?

·是别人的沟通技巧出了问题，还是自己的心态作祟呢?

·我们或许愿意对孩子说真话，但有哪些因素会让我们不小心说善意的谎呢?

为何你的孩子不讲道理

咖啡店里隔桌的妈妈们正在大吐苦水，争先恐后地说自家孩子如何惹怒自己的“丰功伟业”，其中一位相较之下冷静许多，似乎没有太多抱怨可言，另外一位大概也注意到了，于是略带酸意地对她说：“那是因为你命好，生到一个讲理的孩子，不像我的孩子那么固执难搞。”

这么一说，大家不但没有请教那位冷静的妈妈朋友，反而纷纷开始比较起谁的孩子最固执难搞，仿佛那代表着自己最劳苦功高。这时我心想：如果是这种思考方法的话，恐怕我也没办法跟这位太太讲什么道理吧？

其实每个孩子一定都有固执难搞的一面，在大人逻辑里，和父母僵持不下的坚持就是固执、不愿妥协的就是难搞，再加上父母的观念也大异其趣，有时候在张家习以为常的行为，到了李家可是滔天大忌……“家家有本难念的经”，这句话一点也没错。

讲道理当然不是命好天生来的，每一个孩子都能讲道理，说穿了，难堪的事实是——孩子选择不要和你（父母或任何相处的其他大人）讲道理。

记不记得有时我们会跟同事分享，“和某某某讲道理是没用的，反正他就是那样”。或者我们也知道某些人的尺度是容许被挑战的，他说的话不见得没有转圜的空间；同样的道理应用在教养上，孩子很快地也能从经验里归纳出行动结论，发明控制你或让你失控的方法。

那，到底是什么原因影响一个人（不只是孩子）决定“不要和你讲道理”？

一、没有一致的原则，随心所欲地看心情做决定

明明同样一件事，今天可以，明天就不可以；某些人在旁边就可以，都没其他人在就不行；答应的事因为天气、心情种种原因食言，说不定还会说别人不知体谅又加码发飙；要是谁一不小心惹到你，可能旁人也扫到“台风尾”，瞬间风云变色，什么事情都别想理性讨论。别人完全无法依照逻辑思考推敲拿捏相处之道，一切都像电玩赌博一样碰运气。

二、只有你的道理是道理，别人的想法都不正确

任何事都是你说了算，你的原因都是合理的弹性调整而不是推托借口，别人也一定得体谅理解，要不然还会被冠上“不体贴”的罪名。但换成对方说什么则都是理由，再多的解释说明都无法改变你的主观认定和决定。

三、有条件的谈判

看似理性文明的谈判，其实充满权力不对等的姿态。利用对方想达到目的的心，趁机和对方交换条件，也许当下可以迅速获得共识，但这样的沟通方式对彼此了解可以说是毫无帮助，还带点趁火打劫的意味。

回到亲子间，当我们谈讲不讲理的背后，其实隐含着对孩子情绪问题的抱怨；不讲理代表双方没有交集、各执己见，接下来亲子冲突的场面，要不就是父母失控地大吼大叫强迫就范，要不就是当下顾全大局地妥协退让，不论是哪一种，心有不甘的结局对亲子关系都是极大的伤害。

想要孩子讲道理，先反省自己是否犯了这三种毛病，然

后把握每次的冲突时刻，耐心地厘清孩子真正的需求，而不是只停留在表象的行为争议。治标求快的教养法，或许能换来迅速（却短暂）的平静，但一次次再犯的老毛病，其实是在提醒爸妈也该练习讲讲道理了。

家长的日常反思

· 仔细想想，我们喜欢人家先讲道理还是先谈感情？这两种顺序与沟通技巧有什么关系？

· 哪一种沟通技巧比较适合自己的孩子呢？

『用说的都不听』的背后真相

“现在就吃，只能吃这一个；但等五分钟后就可以吃两个”的棉花糖实验证实，有延迟满足能力的孩子，不仅日后学习能力、测验成绩较佳，追踪结果也发现其未来追求成功人生的概率比较高。然而这个易懂又命中家长红心的结论，虽然引起全世界热烈的教养讨论，时至今日，却又有了不同解读。

发明此实验的教授在最新著作《忍耐力》中特别说明，孩子无法通过棉花糖实验的另一项关键就是信任。有许多孩子从小就生活在缺乏信任与信赖的环境中，延迟奖励这种事只是嘴巴说说而已，相信的人就输了；也就是说，若孩子受过言而无信的欺骗，那么等待就变得毫无意义，当然先拿先赢，不然万一有人反悔怎么办?

或许这也是许多教养问题的解答。

让孩子信任你，是听话的基础

想想以下这些抱怨：我的孩子用说的都不听，说再多也没用，都要大吼大叫才有反应；别人说的都比较有用，不知道为什么我说就没效果。

只从最后的行为结果来看（如立刻吃了棉花糖、对父母的话没有反应），可以有很多种解释方法：自制力不佳、没有耐心、就是故意调皮捣蛋……若换个新的信任角度思考，孩子大唱反调的行为或许就能迎刃而解。

举例而言，想让孩子离开游乐场，经典台词可能是“今天玩很久了，现在要去吃饭然后回家，下次再带你来”。有些孩子会流连一下乖乖离开，有些孩子则上演打滚哭闹剧情，差别就在于父母的信用有多好，那个“下次”会有多久？还是心知肚明，遥遥无期?

在生活里很多时候我们不自觉地哄孩子，出口成章地骗孩子现在先如何如何，等下就可以如何如何，一切只求现状平静安稳，等一下的事，等一下再说；或者当下一时高兴做了承诺，但事后反悔的理由一堆，听起来都正当无比，总归一句话就是——办不到。几次经验下来，孩子也学聪明了，这人的话可不能全心相信，凡事还是“先拿先赢”才对。这就是大家说的“越大越不好哄”，其实是因为被骗成精了，笨蛋才会马上相信你。

建立信任感的方式很简单——言出必行，比孩子更重视承诺，做不到的事情千万不要答应。

另一种情境则是父母不敢对孩子据实以告，比如说根据过去的经验，预期孩子听到“回家”的字眼会吵闹，于是就想别的借口或理由来转移注意力，等到孩子发现时，木已成舟，大人也达到了自己的目的，孩子顶多闹一会儿，也就只能放弃了。

放弃哭闹是累了、是知道无法挽回了，但是信任也瞬间瓦解了；“狼来了”的故事哪天就会发生在自己身上，明明说的是真话，但孩子要不当作耳边风，要不就会用更强的哭闹测试真实度。

♥ 把答应孩子的事放在心上

除了以提早十分钟告知孩子即将离开来预做准备，或许也可以更明确地告知“下次”大概是什么时候，也许是下周或是下个月，做出承诺之后无须孩子开口，你也能主动规划行程带孩子再来一次，那么渐渐就能建立孩子对父母的信任，也就无须用强烈的情绪来表达感受了。

准备好笔记本，把答应孩子的事情写下来，而不是当成过耳就忘的敷衍台词，当周末想不出要干吗的时候，不妨回顾清单履行承诺，孩子会很惊喜你还记得说过的话，不仅让孩子觉得自己受到尊重，也能建立起父母说话的威信。

信任是最好的教养解药。信任父母的爱，也信任父母带来的信息，而这个信任在逐渐长大的过程里，更代表无比的安全感和归属感，在处理外界纷乱的关系和考验时，回家能全然地放心和休息，而不是另一场猜测怀疑的战场。

孩子对父母的信任与生俱来，当有人这么信任自己、仰望自己的时候，我们更不该轻易地看轻自己，随意减损那份完整的信任。

回想自己成长过程中，有没有哪个长辈或朋友说话很有分量，一开口就让人感到安心，凡事都想听听他的意见呢？做个一言九鼎的父母，孩子不但用说的就能沟通，还会希望得到我们的建议呢！

家长的日常反思

· 我们的孩子信任我们吗？

· 我们也信任自己的孩子吗？

· 我们能够相信孩子愿意做到，但只是需要时间或协助的心吗？

· 我们也希望有人这样相信自己吗？想象一下那是什么样的感觉呢？

守规矩反而会吃亏，怎么办？

每年暑假为孩子举办的艺术表演特别多，许多妈妈把握机会，顶着烈日带孩子欣赏表演，为了有个最佳视角看到舞台，往往开场前一个小时现场已人满为患。几年下来我们也累积不少实战的经验，早点排队卡位、自备凉扇玩具打发时间，当作顺便野餐聚会也不错，好不容易等到表演即将开始，立刻感觉现场一阵骚动。

“快快快，往中间挪一点。”站在左侧的妈妈催促自己孩子移动。

“我不要啦，这样就可以了。”孩子小声反驳面有难色。

“站过去比较看得到，你又不会挡到其他人。”妈妈恶狠狠的口气，这孩子勉为其难地挪动一两步站进来。

左右两边的妈妈们策略大多相同，于是中间尚有的一点空隙立刻挤满“后来居前”的孩子，这些小朋友有高有矮，因此原本排队坐在地板上的孩子也纷纷抱怨：

“妈，刚刚我看得到舞台，现在被挡到了啦！”

“那不然你坐在板凳上好了。”这位妈妈把露营折叠椅摊开让孩子坐上去。

有一就有二，一张椅子引发连锁效应，顿时坐在地板上的我们眼前是黑压压的人头，什么也看不到了。乖乖花时间提早排位，忍受日晒酷热的妹妹再也忍不住了，喊了一句“为什么他们都不守规矩插队”，备感委屈地红了眼眶。

表演开始了，谁也没有听到妹妹低声的啜泣。我拉着妹妹起身向后移动，坐着看不到那就站着吧，没想到后面情况一样糟糕，好多爸爸把孩子举在肩头上，直挺挺地站在后方第一排。我们此时早已无心看表演，拎着刚草草收拾的大袋子往外走，既沮丧又狼狈。

父母的价值观矛盾，孩子都看在眼里

其实我们不是唯一感到失望的人，场外还有几组争执中的家庭，这些孩子不愿意配合爸妈的指令往前挤，宁可放弃看表演，气急败坏的大人们出口责骂，原本一场美好的艺术表演却成了许多家庭的教养现形记。

我能体会千里迢迢腾出时间只为带孩子体验艺术的苦心，也不会认为这些人都是故意取巧不想花时间排队。每个人都有自己的能力极限，或许家中还有其他孩子抽不开身，或许还有年长的公婆需要打理，才能放心出门……然而当我们尽心同理（换位思考）他人难处的时候，这个社会显然还无法给出同等的响应。

平日告诉孩子同理尊重的大人们，一遇到与自己利益相关的关键时刻，我们做了什么选择呢?

也许心里清楚这样的行为不对，可是别人都做了，我不做岂不很吃亏?

虽然怀着愧疚之心，可是真的好不容易才能带孩子来，就做这么一次吧?

还是理直气壮地觉得本来就不需要事先占位，公开免费的表演就是如此?

这些挣扎我也有过，脑子里的黑白天使大打一架，然而看着身旁信任崇拜我的孩子，最后我总是问自己这么一句：不看这个表演，对人生有什么影响吗？我真的要我的孩子做出这些自私行为吗？我要让“非看不可”的得失心蒙蔽理智、让自己变成张牙舞爪的丑八怪吗?

不只我们接受试炼，孩子们也是。有些孩子选择尊重别人，不愿失态，也有些摇摆不定的孩子会发问：“他们可以，为什么我们不可以？”

想想平日我们多希望孩子能独立思考、不从众，这时候，正是向孩子示范自己的决定的最佳时机，告诉孩子，为什么我们这样选择：我们尊重先来后到的顺序，我们同理他人也想看表演的心情，因此我们不会只顾着自己眼前的视野，而是一如往常地做该做的事。

真正的价值观不会随事情而改变原则，反而是让我们在接受情境测试时，坚守优先级。真正最高境界的“做自己”，莫过于此。

家长的日常反思

- 我们尊重自己、喜欢自己吗？
- 别人会影响我们如何看待自己吗？
- 我们希望孩子也以别人的评价作为处事标准吗？

什么是真正的礼貌？

有件事我一直搞不太清楚。

大部分妹妹接触过的老师和长辈总会称赞她“很有礼貌”，但我仔细观察过，她既不会主动打招呼，也不喜欢献殷勤讨好别人或表现亲近，我实在想不通为什么她能赢得这些赞美。

直到有次妹妹跟着我去参加朋友聚会，一切才豁然开朗。虽然事先和她大略介绍过与会者，到了现场她一如往常依然口拙，更别提响应阿姨们一连串的问候和各种问题了。她安静地坐在旁边吃着松饼，津津有味地听我们聊天，不一会儿，气氛热烈到我也忘了她的存在。

没过多久，她拉拉我的衣角：

“妈，你们太大声了啦，讲话小声一点。”

又过一会儿，她再次提醒我：

“妈，刚刚服务生问阿姨问题，你们都没注意到。”

不只如此，店里生意很好，高朋满座，她还注意到我们的包包放得比较靠外面；注意到我们的椅子容易卡到走道，别人不易通过……两个小时下来，几位阿姨也注意到她的细心和体贴。

最后这位不善言辞的小姐赢得阿姨们一致的赞美：“真是个有礼貌的贴心孩子。”

原来妹妹展现的礼貌不是在嘴上，而是实践“随时注意他人的存在与感受”，借由互动方式表达善意与体贴。也就是说，即使今天一个人满嘴的“请”“谢谢”“对不起”，但若只是为了要求别人配合自己，根本忽略他人的实际需求，那么这种不礼貌的冒犯，可能远比不好意思打声招呼还要严重。

是小孩不礼貌，还是大人受不了被拒绝？

此外，观察大人与孩子间的互动，我们会发现，有些人认为的没有礼貌是这样的：

长辈们热情地塞给孩子甜点或是特产，不料孩子一口回绝："我不想吃。"

阿姨好心拿件外套请孩子穿上以免着凉，没想到孩子说："我不冷，不想穿。"

某个大人想请孩子帮忙跑腿或拿东西，没想到与预期反应不同，孩子直接回应"我现在在玩，不想帮忙"；或者听到不喜欢的实话，例如"穿这件衣服很不好看""这家餐厅不好吃"等。

这些情境若发生在公共场合或熟识的亲友面前，不仅让大人们感到尴尬，有时还会引来批评，在华人社会里，响应态度和内容太过直接的话，可能暗地里就会让人认为不够圆滑、不够礼貌。

不过，令自己感到没面子未必是对方的问题，同样一句话，听在不同人耳里诠释不同，引发的情绪可能是对过去负面生活经验的反射。若不小心触碰到自己的弱点或痛点，也未必是对方想传递的信息。孩子们不需要承接大人各式各样的生命经验，这也和礼不礼貌扯不上任何关系，充其量就是表达方式可以斟酌讨论而已。

每个国家或地区的风俗民情不尽相同，当然对"有礼貌的行为"定义也大异其趣，甚至是完全相反，所以当我们讨论礼貌，或希望孩子有礼貌的时候，首先要问问自己，到底要跟孩子传达什么样的内容，我们是否窄化了礼貌的含义，更忽略了背后的文化价值和意识框架?

是真正的礼貌，还是敷衍的应对？

回头来看看我们说的礼貌，其实每个人的想法不尽相同：礼貌就是礼节吗？有没有人尽管嘴里客气、行为优雅，但却让自己感觉非常不舒服呢？是什么行为会让自己感到被冒犯，而认为对方没有礼貌呢？一个不曾对你说“早安”的人，却愿意坐下来认真倾听你遇到的困难，你接收到的尊重和礼貌，会比三餐都打招呼却未曾想停留交谈的人还要少吗？

与其陷入要求或不要求孩子礼貌的二元争辩里，不如花点时间把“礼貌”这件事的内涵梳理清楚，否则传达给孩子的，只是模糊不清的概念，连我们也不知道自己在说些什么。

礼貌不是表面功夫

不跟孩子特地说“礼貌”二字，因为礼貌不是特意做出来的行为，这种互动方式的形成应该是动态的，而非静态的、样板式的行为；不要求表面礼貌不等于是放弃管教，只是不必以特定形式表达。真正必须要求孩子做到的礼貌，是品格上的修炼，孩子必须随时觉察自己的言行举止对别人产生的关联影响，这当中同时包含着观察力和同理心。

让我们动动脑发挥创意，想想礼貌还能怎么表达给别人。最困难的礼貌又是什么呢？

家长的日常反思

· 为什么我们通常喜欢有礼貌的人呢？

· 礼貌给自己带来什么感受呢？

· 我们希望孩子成为自己认为有礼貌的人，还是别人眼中有礼貌的人呢？

用礼貌传递正面信息

儿童今天面临的最困难的“工作”，是去学习一些连他们周围都看不到的好礼貌。

——弗雷德·阿斯坦（Fred Astaire，电影演员）

孟母三迁的故事流传千古，启发我们认知环境对孩子的影响甚巨，然而谈及礼貌这件事，我们却把全部责任都放在孩子肩上。若我们录下孩子一天在学校里、在路上、在车上听到的对话，或是别人跟他们说的话，我想任何人都做不到对这社会里的所有人保持礼貌。

但这不意味着有礼貌这件事都是别人造成的因果，礼貌原本就是个人的修养，也是每个人选择与社会的对应姿态，一旦这个人对社会、群体的观感改变，那么态度一定也随即自动调整。

比礼貌更重要的，是真诚地感受并回应

那么，孩子又是怎么感受身旁的大小事的呢？一开始绝对受到父母极大的影响，即使处在不好的环境，如何提供不同的思考角度，也就是影响孩子选择如何和他人互动的重要因素。

举个自身的例子。每次搭公交车下车刷卡，我总是习惯跟司机说声“谢谢”，有时候碰到想开口说说话的司机，也就现场多聊两句，妹妹默默观察我的行为好一阵子，有天忍不住开口问我：

“妈妈，如果你跟司机说‘谢谢’，别人没有反应，你都不会觉得难过吗？”

“难过？为什么要难过？我本来就该说声‘谢谢’啊。”

“可是他都没有说‘不客气’，就好像没有听到的样子。如果是我会觉得有点丢脸，下次就不想说了。”妹妹回答。

“哦，那你回想每个乘客都有跟司机说‘谢谢’吗？”

“不是，没有很多人说。”妹妹想了一下。

“司机没有回答有很多种原因。有可能他累了，心情不

是很好；有可能他没想到我会说‘谢谢’，反应不过来；有可能他想说‘不客气’的时候，我已经下车了没听到……不过我可以确定的是，不论哪种状况，他听到我的‘谢谢’都会心情好一点。”

我接着问：“你也有能力让别人心情好一点，下次要不要试试看？”

妹妹沉默，没有说话。

事情还没结束。

妹妹下一次搭公交车时，跟在我后面刷卡，意外地也跟司机说了声“谢谢”。然而运气不大好，这位司机没有任何回应，我也来不及回头看清楚，门就很快关上了。妹妹初体验出师不利，有点气馁，个性较为谨慎的她，想必是鼓足勇气才开了口，我想给她点鼓励，于是开口：

“你刚说‘谢谢’耶，而且声音不小，我想司机一定有听到。”

“可是他没反应。”妹妹果然很在意。

“你还记得我上次说的那几种可能吗？其实我后来又想到一种可能，会不会有些司机跟你一样也蛮害羞的，不好意思开口？”

“嗯！”妹妹抬起头来，想了想，点点头。

“对啊，刚刚我没仔细看司机的脸，下次你可以注意一下，说不定他没说‘不客气’，可是脸部表情有变化。”话才说完，妹妹脸上就已经豁然开朗。

一种米养百样人，接下来妹妹主动说“谢谢”的几次经验，就遇到立刻开心回应的司机、挥挥手示意的司机、称赞她有礼貌的司机，当然还有什么都没说，但是脸上突然露出不好意思微笑的司机。

妹妹喜欢上打招呼的感觉，别人有回应她会特别有成就感，她也会偷偷观察大家的表情变化，就算什么回应都没有也不会感到失落，甚至会跟我讨论不知道司机先生心里有没有什么烦恼。此外，我发现最重要的改变是，时间一久，也许一次两次，司机先生开始预期会有孩子跟他说“谢谢”，准备好回应我们的司机开始变多了。

不要借礼貌展现权力关系

同样一件事情，我们传递的是什么信息，取决于我们如何诠释世界和他人的行为。过于正面思考或负面解读都太过极端，现实生活里的情境其实并非如此，没有人永远恶劣，也不会每个人每件事都很友善。想应对这个充满挑战、每个人都很辛苦的大环境，同理心或许是解药之一。

那么，再回头想想，一个被呼来唤去、不被倾听、觉得这个世界危险糟糕、感觉不安的孩子，就算天天被叮咛着要有礼貌，也可能做不出来，无法时时刻刻达到大人们的要求。因为没有接收到同等的信息，就很难勉强自己做出类似对等的回应。

想要孩子真正有礼貌，那就先对孩子有礼貌。或者先问问自己是否也是个有礼貌的人，还是只是把礼貌和管教混为一谈，认为顺从、不顶嘴的讨好言语就是有礼貌？表面上的嘘寒问暖若没有发自内心，那么即使在孩子面前示范，也会被看穿。

“孩子是问你相信的事，不是问你知道的事。”关于真正的礼貌，我们是内化到价值观里，还是只知道该怎么表现而已？

家长的日常反思

·若有其他大人对孩子不礼貌，我们的反应是什么呢？

·我们能让孩子自己思考并决定什么是礼貌吗？

·没有获得预期中的反应，我们还会要求或期待孩子继续保持礼貌吗？

04

环境给我们的教养挑战

反悔，可以吗？

还记得前几年“用回形针换来一栋房屋”的新闻，把需求和价值重新做了一番定义：当下自己最需要的，才是最有价值的，而那与客观定义的售价未必一致。随着社群媒体兴起，不少换物社团纷纷成立，加上虚拟货币的盛行，这年头，进行交易的方式更多元有趣了。

孩子们的互动随着年纪增加慢慢丰富起来，从一开始常见的分享，逐渐发展为“换换乐”的约定；从交换拥有权开始学习，等到开始有零用钱之后，便是更复杂的商业交易行为。

有交易就会有纷争，最常见的一种情境是：一时兴起的交换，隔天有一方想反悔取消，这时候该怎么办？

妹妹也曾碰到这样的难题。学校里的姊妹淘用一颗小玻璃珠和她交换贴纸，隔天同学反悔开口要回，但因为小玻璃珠没带在身上无法现场处理，于是两人说好明天带去换回。

心中不太愿意的妹妹放学后见到我的第一句话就是：

“妈妈，你不是说要守信用吗？可以反悔吗？”

“可不可以反悔要看什么事情耶，我们现在买东西有七天可以确定要不要，不要的话可以退货，这样算不算反悔呢？”这个举例可以拉大讨论范围，妹妹停了一下。

“可是我又没有卖东西，我们是说好交换的，这不太一样吧。”

“的确不太一样，但你刚刚的问题是反悔哦，我不是指你的事情。那我换个方式问你，如果刚好你也想换回来，那么你还会问我这个问题吗？”我抛出第二个问题。

妹妹摇摇头。

“那就对了，现在的问题不是反悔，而是你们两个意见不同，所以你会希望对方遵守承诺，这样想有没有比较简单一点，比较没那么生气？”

妹妹改成点点头。

“那么，你可以想想为什么她会反悔，如果是你想反悔，会不会希望好朋友也能帮你，不要让你这么难过？还有啊，如果你的好朋友很难过，那么你有玻璃珠的心情会不会有什么改变？比一比、排一排，哪个比较重要，这样事情就很清楚了。”

父母眼中的价钱，不等于孩子眼中的价值

孩子有可能是那位主动反悔者，也可能是被追讨的被动方，虽然这两种角色可能在不同情境下发生在同一个孩子身上，但通常孩子会因为自身特质，而较为明显、频率较高地表现出某一边的角色倾向。

一旦牵涉到父母购买或赠送的物品，这样的纠纷往往会引来父母或师长的介入，若是小东西也就罢了，若是售价较高的物品，我们的判断通常会因此而失去方向，讨论里必须考虑孩子的情绪、物品的价值、他人的观感、教养的原则，想要平衡拿捏，实在是不小的挑战。

最后的结果，我并没有追问，看来妹妹自己有了答案，也免去了一场纷争。父母可以做的，是抛出问题来给孩子思考、摸索自己的感受，如果孩子只是卡在很喜欢某样物品上，那么可以另外讨论“获得物品的其他机会或方法”，让孩子专心回到抽象价值和具象物品的比较排序上，并自己做出最后的决定。

不论孩子是哪一方启动者，第一步都必须厘清当事人心中的情绪和欲望，把物品和承诺分开讨论，才有可能进一步邀请孩子讨论下去。有些孩子在意的不是物品，而是公不公平的感觉；有些孩子则是因为物品本身引起的占有欲而反

悔，并没有想到其他层面的问题，若此时没有协助孩子一起在同一个层面相互感受，那么最后结果势必会让其中一方觉得委屈。

第二步则必须厘清大人与孩子的价值认定，两者的价值认定未必相同。大人通常会将对价关系纳入考虑范围内，然而对孩子而言，价钱有时并不等于价值，举例来说，一张大家都想搜集的电玩卡片，可能隐含其他社会互动和人际关系的功能，绝对比实际货币价值还要珍贵许多。

若孩子是想反悔的一方，也别急着替孩子戴上道德的大帽子；原本孩子的判断能力就不够成熟，让他自己感受冲动行事的代价也未尝不好。做决定的人当然可以反悔，并尝试跟对方交涉讨论，但同时也必须认知未必有自己想象中的结果。练习接受最后结果、不怪罪对方，回去自行消化情绪，把事情层次分清楚的过程，对孩子来说也很可贵。

类似的情境其实在大人的生活里也层出不穷，只是多了法律规范和道德眼光的限制，多数时候，这些状况并不会浮上台面。同理心能帮助我们理解他人的心情，而不至于将别人的问题又变成自己的困境，同时还能更了解一个人，如果一个人老是反复不定、阴晴难测，几次经验累积下来，自己当然就懂得趋吉避凶了。

不过，最麻烦的题目还不只是这样呢！进阶版的题目会是：若是交换的东西被弄坏了、被吃掉了（如糖果或其他消耗品），那么，这时候的反悔又该怎么处理呢？

家长的日常反思

·长大的我们也曾想反悔某件事吗？

·我们会像孩子一样承认并说出来吗？

·如果不是，我们的处理方法有比较好吗？为什么或为什么不呢？

说一套做一套的生活教育

前阵子电视里充斥着校园新闻，尤其是营养午餐的食安问题闹得沸沸扬扬，我们一起看着新闻，妹妹迫不及待地开口发难。

“妈妈，其实我很讨厌在学校吃饭。”妹妹说。

“哦，我知道啊，你一直说营养午餐很难吃。”

“其实也不是每天都很难吃，但是整个气氛很不好。”叮咚！我就知道还有其他原因，上次妹妹把中午没吃完的菜打包回来，我吃了也觉得口味不差。

“怎么说？为什么气氛不好？”我继续追问下去。

“我觉得吃饭好赶哦，不知道为什么要这么急，而且不能边吃边聊天，吃完马上要刷牙洗碗筷，然后十二点四十分以前都要弄完。”

“四十分钟？吃饭喝汤加水果？真的有点赶耶。”难怪每次妹妹都放弃喝汤或把水果包回家吃。

“不到四十分钟啊，因为我们要排队拿饭，我拿到都已经过十分了。”时间管理一向不错的妹妹果然明察秋毫。

的确，中午吃饭的精神压力这么大，再怎么好吃的饭菜也都索然无味了。合理的推测是老师们为了让每个孩子都能在有限的时间内吃完饭准备刷牙，也只好要求不要边吃边聊天，以免耽误午睡时间。

矛盾的潜规则，让孩子无所适从

正当我陷入思考、沉默之际，妹妹再度发出不满之声：“不是说要细嚼慢咽吗？结果我们都要狼吞虎咽耶。如果我要早点拿到饭，那就要争先恐后，这样不是不好吗？排前面应该跟排后面都是一样才对啊。”

是啊，课本写的、爸妈教的，怎么都跟实际生活背道而驰呢？孩子到底要相信什么？还是从这里开始就学习到现实生活的潜规则——其实都是说一套做一套，凡事都为自己想就好了？生活教育的正确答案仅供参考？

回想起自己的学校午餐时光似乎没有这么急迫，同学间会互相看一下彼此的便当，把菜换来换去；有些人还会三两成群地围在一起吃便当聊天，感觉相当自由放松，不过那时可没有规定要喝汤吃水果、洗碗筷加上刷牙，所以用半小时吃顿饭时间还算充裕。随着时空变化，加诸老师和同学身上的任务多了，时间却没有增加，搞得吃一顿饭紧张兮兮，对孩子来说，吃饭成了一件苦差事，细嚼慢咽的人会被催促，说不定还会被质疑不够专心吃饭。

生活是最实际的演练场，而这些规定和要求对孩子而言，就是强烈的行为暗示：暗示我们的期待标准、暗示背后的价值判断——快就是好，慢就是不专心。连我们大人都遗弃了课本上的美德，又怎么能要求孩子在考卷上写“细嚼慢咽消化好，争先恐后不抢快”呢？

自相矛盾的说法，充斥在生活周遭

“说一套做一套”的例子随处可见，比如说百货公司的免费赠品。

为了促销业绩，商场或百货公司甚至是一般摊贩常举办活动，除了满额换赠品外，有时也会开放限量名额，以极低价格甚至免费商品来吸引消费人气。这时候不难看见因为排队起争执，或为了抢免费商品和店家吵得面红耳赤的人，当中不乏带着孩子排队的妈妈或是爷爷奶奶们，就这么在孩子面前做了不良示范。

还记得上回路过排队人群，有对母子现场起口角，妈妈气急败坏地破口大骂：

“叫你帮忙占个位子不行吗？我们那么早来排队，一人可以领一份啊，你干吗不想排？你离开别人就会占去，这样就少了一份。”

这孩子一脸无奈又不耐烦，说：“换这东西干吗？我们家里又不缺。这是你想换的不是我想换的，为什么我要在这里排队？”

偏偏后面排队的人也很计较，担心自己名额不保，还在后头叫嚣：“孩子也算排队人头吗？两三岁的也算吗？”

这一问引起骚动，只看见一群大人斤斤计较起来，巴不得店家出来主持公道，有些人批评带孩子来的硬要多占一份，没安好心眼，有些人听着刺耳也忍不住回嘴。在孩子面前，我们平常说的那些“有话好好讲”“不贪小便宜”“不浪费资源”“不随意指责别人”似乎像是可笑的标准答案，现实生活里大人根本不是这样做的嘛。

做给孩子看

亲眼见证言行不一的孩子，长大后可能就是满嘴仁义却无恶不作的人，我们自己深受其害，也影响整体社会的进步。当我们开始指责学校、老师管教不力甚至抱怨教育环境，其实又掉入另一个“都是别人的错”的负面示范，想想自己，我们又真的做到平日对孩子耳提面命的话了吗？

为了孩子，让我们提升自己做更好的大人，重新检视生活里的每一件事、每个行为，去掉自己的惯性，而有更好的示范；下次跟孩子说道理时，就能理直气壮、抬头挺胸地说：“爸妈做给你看，我们要成为这样的人。”

家长的日常反思

·仔细想想生活里有哪些事，是自己不小心或不得已破例的呢？

·我们向孩子说明原因的时候，孩子的反应是什么呢？

·反之，我们又是如何对待孩子呢？

有比较才有进步吗？

又一个孩子选择离开人世，青春茁壮的生命力依然抵不过惨烈的升学压力。

网络新闻把近几年来的案例列表做了整理：某位北市高中生认为自己是瑕疵品而上吊、嘉义初中生留下遗书“是成绩害了我”……从初中到研究所，这一路的求学过程里，因课业压力自杀身亡的新闻屡见不鲜。我停下鼠标，看着此时在沙发上边哼歌边画画的妹妹，心里不禁提前忧愁起来：我的孩子，未来你也会这样受苦困顿而觉得人生无望吗？

从小听着寒窗苦读故事长大的我们，也承受过极大的升学压力，教育改革多年后，看来压力并未减轻，会把“人比人，气死人”贴在墙上提醒自己的华人社会，分明就是最爱比来比去的一个族群；即使废除了联考的大排名，整个社会也从未放弃比较这回事，反而陷入更多元的竞赛氛围里。

比较不是原罪，人每天生活都必须进行比较才能做出选择：

想买个手机，总会比较一下各家厂商。

想找间好餐厅，CP值（性能价格比）就是一种比较结果。

想找个好工作，当然得什么都比一比……

若我们觉得这样的比较理所当然，那么，对于自己成为“被比较”的标的时，也就不必大惊小怪。这句“就算长大后是卖豆浆的，也要是这条街最好的”的励志老话，也同时提醒我们，最终免不了和他人竞争比较。

比较无所不在，跨越国籍、种族文化甚至时空。我们不可能消弭所有个体的差异，更不可能改变人类做出最利己选择的本能，有些事情必须有筛选的标准，更严格地说，想要跟别人不一样的心态，难道不也隐藏着一丝比较的意味？

没有排名、改成等第制的成绩单，是现今制度对孩子们的体贴。教育潮流让我们开始反思排名对孩子的伤害，岛内外书籍更是极力呼吁家长别让比较心态扼杀孩子的童年……甚至全部的人生。当我们极力避免分数排名的结果赤裸裸地伤害孩子，却更加遮掩地在暗地里进行各种角力，原本的善意似乎渐渐扭曲成一把利刃，到了孩子成年时，才一刀划破那层盖在眼上的布。

掀开这层“去分数”的保护薄纱，我们面临的是更全面性的比较：公司有一套评鉴制度、父母家人传递对自己的期待；甚至有时自己就是爱跟人家比较的元凶：比房子、比车子、比行头……在资本社会的标准和价值氛围之下，“不想跟人家比较”反而成为需要修炼的困难事。

若先把对比较的负面印象归零，那么剩下的只有一个问题：为什么比较会让人不快乐？

比较是本能，但不要落入过度竞争的陷阱

还记得二年级上学期的时候，妹妹有天小心翼翼地拿出一张考卷给我签名，我还来不及搞清楚状况，她就迫不及待先开口：“这张大家都考不好，有点难。”

对于她的反应，我感到非常惊讶。即使我们从未因任何一个分数而责骂她，她的老师也绝非只鼓励追求分数的教育者，但孩子却自动对分数有反应，甚至主动去了解别的同学的成绩。

“为什么你会想要知道别人的成绩？”我开口问。

“我想知道是不是只有我不会。”妹妹回答。

“那‘是不是只有你不会’这件事，为什么这么重要？”

妹妹沉默没有回答。

人是群居动物，互相观察学习本是常态，不同的能力

天赋互动交错，也是创造力的来源之一，比较能让人迅速辨识出该项能力最优异的人，其他人再借由各自的方式从中学习，就像是工匠们、艺术家们增进自己技艺层次的方法，也会通过各个不同的面向，观摩激荡出自己更多的想法，不论我们使用的动词是不是比较，脑子里总会产生一些结论或判断。

然而，现在普遍存在的比较是为了符合节奏一致：在既定时间内，哪些人无法跟上速度？哪些人不符合设立的标准？这些比较已带有优劣的意味，并对人做了价值判断：慢就是能力差，快就代表好。把比较的结果立刻贴上不同的能力标签，再将人分类定型，把人类的本能转化成互相竞争的工具。

避免功利的比较

回过头来想想一些矛盾的行为：我们在意孩子英文单词背得有没有比同学多，但不会特意比较他们图画得好不好；我们会在意孩子数学考得如何，但不会苛责体育成绩……即使多元天赋、多元智能的教养观念已进入中国台湾，孩子却免不了还是会被比较——哪种天赋比较有用。

如果没有正常的心态，做什么都只会画虎不成反类犬；如果心态不变，什么都能成为比较标的。“有用与否”，即是反映社会价值观的最好的例子，同样是做工的，在中国台湾就变成“不学好、学不好”的代名词，但在其他地方却是备受推崇的高薪专业。

日本职业棒球选手铃木一朗曾经毫不避讳地表示，和他人比较、制定努力的目标，然后不断练习，是他前进超越自己的动力来源。就算他自己不去比，这世界仍旧会拿他和其他选手评比，与其跟随别人的评价起伏，不如自己掌握比较的内容，转换成产生力量的正向循环。

过于狭隘的比较，只是鼓励同质的人不断优化某种能力，当整个社会只把对未来的投资全部押在这一两样能力或族群身上，这何尝不是现今中国台湾社会经济转型的困境?

这并不是正当化任何我们对孩子的比较手段，只是，在社会整体价值观尚未进化之前，只去掉表面的分数评比并不能解决根本问题，反而让孩子失去进步的机会。比较不是为了满足父母或任何人观看成就的欲望，而是让我们学习将比较结果转化为有意义的信息，反馈给自己，那才是不断让自己更好的忠实建议。

家长的日常反思

·我们是属于爱比较的还是讨厌比较的大人？

·答案会因事情而异吗？

·猜想看看若是世俗标准的“人生胜利组”，他们会讨厌比较吗？

·比较之后，赢了就一定能获得快乐成功吗？

从输赢中，孩子可以学到什么？

最近听到越来越多的朋友分享：“我的孩子好胜心很强，很爱面子，凡事都不愿意输，该怎么办？”已经够焦虑的父母，说不定还得担心这是不是低挫折容忍力的现象，孩子一输就情绪暴走，到底该怎么办才好？

脱离幼儿园的乌托邦世界后，各类大大小小的比赛或趣味竞赛如雨后春笋般地出现。有些是正式举办的比赛，有些则是为了炒热课堂气氛或提升学习兴趣而创造出来的游戏竞赛，就连下课时间，孩子们也会分成两队，发明一些天马行空的项目，互相较劲。凡事有比较就有先后、有比赛就有输赢，即使是下棋、扑克、桌游也是如此，原本不是什么稀奇的事，但在孩子心里，再小的输赢都能引起微妙的心理变化。

大人明示暗示：赢比输好

其实孩子一开始对输赢并没有具体的概念，也没有特定的态度，然而几年生活下来，孩子很明显地开始表现出对输赢的得失心，其中原因就是来自大人们的差别反应。

回想一下，孩子赢或是得奖的时候，我们有没有欣喜若狂、加码奖励、大书特书？即使输的时候，我们也开口安慰，告诉孩子没关系、下次再来，但是我们脸上怅然若失的表情，或是事后希望如何进步的建议，都等于向孩子传达“我们很在乎”的信息。

也许某些孩子反应快一点，能够从中归类出哪些活动输了无所谓、哪些活动输了要小心；但是更多的孩子在依附父母、老师或其他成人的状态下，现实生活或情感上绝对受到照顾者的影响，不论是担忧、害怕责骂，想讨大人欢心，或哪一种原因，最终都容易演变成输不起、爱面子的表现行为。

其实孩子自己未必能分辨到底是自己在乎，还是因为别人而在乎，然而当孩子不论原因开始在意输赢的时候，最不开心的其实是他们自己，因为单纯的游戏结果已经变质成各种比赛的输赢。

总之，输赢淡然处之，如果大人先做到，往往剩下的问题就不难解决了。

孩子在意输赢，真的不好吗？

这世上没有什么绝对好跟绝对坏的事情，即使家庭教育的观念很正确，也无法避免大环境中鼓励竞争的氛围。在乎输赢是人性的一部分，却可反映出个性上的弱点，如何拆解输赢里面的信息，让孩子悟出自己的下一步，或许比改变在意输赢的心态来得更重要。

连大人都还困在比来比去的生活里，又怎么能要求孩子做完美的圣人？在乎就在乎吧，重点是然后呢。

输的时候，让孩子悟出处世之道

风水轮流转，身为输家赢家，都有各自该做的功课。想赢得胜利一点也不罪恶，孩子多半也能为此尽心尽力，然而“努力也不一定会成功”“一山还比一山高”的人生真理，必须等到失败的时刻，才能领悟。

输的时候，孩子难免不服气，然而这时却是最好的时机，点出对手优点，让孩子看看别人赢的道理，即使孩子嘴巴不让步，也别勉强孩子，他们心里会默默消化这些中立客观的信息，成为下一次自我精进的养分。

低调处理孩子的情绪，不指责、不随之起舞，提供给他更多分析信息，说完之后，云淡风轻继续过日子，孩子自能一次又一次地慢慢降低情绪强度。

脸皮薄、自尊心强的孩子，对输赢更是敏感，同学间的言语容易被解读成嘲笑，也会负面诠释他人的任何反应，这时候不妨先把孩子生气的情境和对话内容记录下来，等到情绪消退时，回过头来请他想想，自己是否曾经也说过类似的话，那时候的意思是什么呢？是否可能因为自己的心情作祟而误读他人信息呢？

在乎输赢和追求输赢，在表面上的行为很难分辨差异，趁着孩子年纪小的时候细细讨论，才能让孩子因为输赢打开眼界、自我精进，而不是变成一生追着结果跑、被输赢制约的小仓鼠。

家长的日常反思

· 我们都品尝过赢的喜悦和输的失意的滋味吗？

· 哪一种印象比较深刻？

· 赢了之后会有被超越的恐惧吗？输了之后会有奋起的动力吗？

· 输赢的好坏真的如我们想象的吗？

妈！我觉得不公平

那天英文课结束，淋着滂沱大雨去接妹妹，不知道是雨声太大还是她的心情激动，妹妹看到我时，以罕见的高分贝大喊：

“妈妈，我觉得有件事超不公平的，我有点生气。”

“干吗？发生了什么事？”

“英文课我们分两队比赛哦，我们这组都有认真学所以很厉害，另外一组有两个同学一直学不会，所以他们一直输。然后第三次比赛的时候，老师说那两个同学如果答对的话，一次可以加两分，而且可以自己选题目回答。妈妈，虽然最后还是我们赢，但这样不是很不公平吗？”一口气呱啦呱啦说完，看来是真的蛮气的。

原来如此，想必老师是为了鼓励英文较弱的孩子发言，后来调整了游戏比赛机制，借由孩子们能替队上加分的动力，让孩子有更多动机开口，参与其中。

“等一下我们再来讨论公不公平这件事。你先猜猜看为什么老师要这样做？”

“因为他们不会都不敢说英文，所以可以选自己会的回答，这我知道。可是为什么可以一次加两分？加一分也可以鼓励啊！”妹妹猜对一半。

“很好耶，那你再想一件事，为什么英文课要玩比赛游戏？”我提出第二个问题。

“嗯……因为这样真的很好玩啊，不会觉得英文无聊。”妹妹中了圈套。

“对啊没错，那如果你一直输，你还会觉得好玩吗？会不会反而觉得自己很差呢？”

我继续加码：“不好玩的游戏，还会让你想要学英文吗？这样的比赛是为了游戏学习，还是真的要比出高下？”

妹妹陷入沉默。

“你有没有发现，老师是在第三次玩的时候，才改游戏规则？那是因为老师已经确定谁会了、谁还不会，所以用这样一次加两分的方法，让他们不要觉得自己是害群之马，他们也能有功劳，只要愿意突破一点，就马上帮队上加两分，不会让同队的同学觉得都是因为他们输掉的。”我再多说一点，希望能释疑最后的部分。

“哦，我知道了。这是游戏，不是那种真正的比赛，妈妈，如果是真正的比赛就不能这样，我们就要去抗议了。”妹妹回答。

“那是当然，我一定也会大声抗议。最后我问你，这样加两分的结果你们还是赢了，不是吗？”

“对啊对啊，我们还是赢。”妹妹恢复一脸开心。

“为什么？”这才是赢家要想的真正关键啊！

“嗯……因为我们就会更努力，很怕被加两分追上赢过去。”妹妹回想过程。

“你有没有发现，你们那组专心地‘拉大差距’，不想被赶上就要更努力往前跑，结果让自己变得更好？”我把道理讲得更完整一点，希望妹妹能体悟这点。

“对耶！这样是‘双赢’。他们不会的人变成会、我们已经会的变得更熟更快！”妹妹此时完全释然，竟然在马路上大叫！

我点点头：“这样不是很好吗？公平不是只有表面上的哦，在英文班里的公平应该是让每个同学都有机会学好英文哦！”

在孩子一生中难以避免地会有竞赛和比较的情境，只是没有人会是永远的赢家或输家，面对输赢时的良好心理素质，才是人生幸福的关键要素，没有健康的观念，赢了也不见得就能获得快乐。其实任何比赛竞技都可以是种享受，享受专注的力量、享受比赛的过程、享受结识同好的缘分，能不被最后结果所制约的人，才能屏除不必要的压力和干扰，全力以赴。

妹妹拨开了输赢的云雾、抛开了公平与否的迷思，我想下次的英文课，她应该体会更多个中滋味，也会更有成就感。

家长的日常反思

· 比赛可以是一种乐趣吗？

· 孩子看待游戏的比赛结果和参加竞赛的比赛结果有什么不同吗？

· 如果有，是什么原因造成这样的不同呢？

孩子，你不必那么完美

成为母亲之后，这是威胁感最重的一次挑战。

妹妹放学一出来见到我，迫不及待地展示手中的卡片，告诉我今天同学送了她偶像学园卡。我定睛瞧了一下，赫然发现这就是上次她路过玩具店时特别驻足翻玩的同系列卡片，还记得妹妹当时有跟我简单介绍一下，虽然没说要买要玩，但已经很清楚那些是什么玩意儿了。没放在心上的我，像是漏了一记好球般懊恼，原来这件事情早有痕迹。

回家后，这几张卡片被她反复拿出来把玩鉴赏，每一个细节、服装搭配、角色都不放过，班上有搜集的同学们，她也个个如数家珍，最好的姊妹把卡片大方分享给她，让她在团体里也能插上几句，不觉落单。

过了几天，妹妹兴冲冲地从怀里再掏出另外三张卡片，得意扬扬地说：“这是今天秘密朋友跟我交换来的。”

光是“秘密朋友”这四个字就足够让我的神经断线，好不容易强装镇定，继续对话：

“为什么是秘密朋友啊？告诉别人会怎样？”表面漫不经心，其实我紧张得要命。

“她说不能告诉别人，可能怕麻烦吧。”

“那连我也不能说哦？我又不会去跟她换。跟我说是谁嘛……不然我来猜，这样就不是你说的了。”虽然这不是很好的方法，但是相对于想知道交换东西的朋友是谁，只好两害相权取其轻了。

“好啦，告诉你，是陈某某啦。”呼！原来是她！还好还好，没事没事。

“那你是用什么交换的啊？”我继续追问，毕竟我们没买什么玩具可以换啊？没想到这可打开了妹妹的话匣子。

“妈妈我跟你说哦，我有观察到陈某某可能喜欢我的彩色铅笔，就是上次参加活动时别人送我的那组，因为她跟我借过好几次，所以我就用那盒彩色铅笔跟她交换，她果然就答应要换了。”她得意扬扬地跟我分享。

嗯，果然很有她的风格，观察入微也懂得投其所好，只不过……那一盒彩色铅笔好歹也有十二色，竟然只换了三张？

于是接下来的时间，就是我们母女的谈判教学实战演练。我兴致勃勃地说起阿妈以前教我的杀价哲学，妹妹又说了陈某某叫她加码交换的回应，我又针对“别跟着别人逻辑走”举了很多例子，甚至最后还跟她说：“每个人每天心情跟运势都不一样，所以今天的交易她不答应，也许别的时候心情不同就会答应，谈判切记就是不要急啊！”

也许就是因为我这么认真地倾囊相授，妹妹回家后开始整理起杂乱的房间，看看自己手里到底有多少筹码，左看看右想想，整理出一堆准备交换的宝贝。事情当然还没完，隔天放学，她回来告诉我，拥有最多最漂亮卡片的陈某某已经看上一两样东西，准备择日交换。

看似轻松以对、开明对谈，但其实这两晚我心里交杂着各种负面的想法和担心，也琢磨着各种做法和说法。在还没有明确的方向之前，最好的策略就是按兵不动，不让孩子降低开口讨论的意愿。

一切担心，都来自这是我的孩子

接着我练习面对自己的担心：到底我在害怕恐惧什么？又把这样的事件投射成什么行为呢？

——是的，孩子的确受到同学的影响。但这一定是不好的吗？

——是的，这算是想要某种物质，是因为什么需求没有被满足吗？

——喜欢就代表接受诱惑吗？

——她会因此沉迷其中，影响生活或价值观吗？

跳脱出“她是我的孩子”的窠臼后，事情立刻变得单纯许多，而我心中的疑虑也因为这几个问题变得清楚而具体，模糊的恐惧代换成几个切割好的小任务，接下来，去找出适合孩子和自己的解答就可以了。

接下来几天晚上，妹妹又花点时间翻箱倒柜整理房间，把一些旧日收藏的宝贝整理出来，鼓鼓的一小袋塞进书包里。我借着好奇里面有哪些小玩意儿，趁机开口提起卡片的话题：

“哇，你房间变干净了耶，你在干吗？”

“我明天要去跟陈某某继续换，这些都是她可能会喜欢的东西。”

“可以借我看一下有哪些吗？”妹妹毫不犹豫地递给了我。

“哦，原来她喜欢这类的东西哦。等等，你确定这个别针也要拿去吗？我记得你非常喜欢这个芭蕾舞者。”我小心翼翼地提醒她，也顺便厘清心中的疑问。

妹妹迟疑着没有回答。

“我知道现在你的最爱是卡片，不过你有没有发现，每一阵子最喜欢的东西会不太一样？所以要好好跟自己确认一下，是因为卡片现在比别针重要，还是你真的不喜欢这个别针了？”

“其实别针很漂亮，我只是想到陈某某一定会喜欢。”妹妹歪着头跟我说。

“漂亮的东西大家都喜欢，你要多想一点，如果交换了就拿不回来，这样的话，是不是还是会维持原来的决定？以后有没有可能对这个选择感到后悔？”

妹妹没想多久，立刻把别针放回房间的抽屉里。我分享孩提时期搜集某样东西这件事，其实自己小时候也会因为朋友们都在玩弹珠、塑料片公仔而好奇着迷一阵子，现在回想起来也是种童年乐趣，那种和大家有共同话题、可以多聊聊瞧瞧的感觉，或许才是吸引人的原因。

妹妹后来也告诉我，她喜欢搜集卡片的原因，是因为上面的图案精致漂亮，画的又是服装配件造型，还能自己玩配对，不过她没有想要花钱储值玩电玩，单纯喜欢卡片而已。

听着妹妹侃侃而谈，看着她坦然的神情，我渐渐领悟到担忧也是一种不信任；我的潜意识里假设她可能会这样那样，才会有这么多的负面的念头。即使属于母亲专有的杞人忧天仍然会定时发作，但我应该管理好属于自己的各种念头，才不会不小心定义了孩子而不自知。

心里头默默地说声对不起：“孩子，你真的不必那么完美。”

家长的日常反思

· 我们总是因为担心而负面解读孩子的行为吗？

· 为什么我们一面相信从经验中学习的说法，又一面如此恐惧孩子犯错？

· 孩子对抽象事物的感受经验会不会因此被我们剥夺了呢？

用Line沟通的后遗症

好不容易躺在床上快要入睡了，手机里又传来收信息的声音，我睁开眼，赶紧把通知声音关掉，没想到却瞥见好几组的未读红色数字刺眼地挂在屏幕上，这下子我睡意全消，清醒起来："到底发生什么大事了？"

这一切当然都是身不由己。

抽查任何一个当妈的手机里，绝对有数个跟孩子的学校、老师、社团、补习班，或是其他家长私下的通信群组，不论我多奋力抵抗，仍免不了"大家都在群组，你就别当漏网之鱼、害群之马，不然这样很麻烦"的隐性压力。

而安亲班或才艺社团为了展现对客户的服务热忱，也开设群组，好让家长们忙碌之余随时掌握孩子的动态，出缺席报告之外还能传传实时照片；在有些学校，老师为了应付家长们层出不穷的问题，开群组保持沟通渠道，当然也有老师不好此道，这时就会有热心家长邀请同班学生的家长加入群组，希望大家互相讨论、交换心得。

家长群组，加不加都是两难

加入还是不加，都令人为难。一旦加入，纷沓而来的信息足以将人淹没，又担心只读不回让这些半生不熟的家长误会；若勇敢地说不加入，除了得担心下次见面有人会直接问你是否没看到邀请信息，当然也得冒着“众人皆知我不知”的遗漏风险，运气不好点，说不定还会被冠上孤僻不合群的刻板印象，更别提什么加入之后退出的想法，那简直昭告全世界自己的不爽。

那么群组里到底在沟通些什么呢？

很大一部分的家长，把学校群组不自觉地变成孩子救火队：联络簿没带，请问大家今天的功课是什么？明天的材料包要去哪里买？我儿子的英文作业有句话抄得怪怪的，你们家的也是抄成这样吗？老师，明天我们要请假；老师，运动会我家有事可以早退吗？可以协助提醒我家孩子吃药吗？

若是付费参加的安亲课辅班，那功能更是多了，除了是二十四小时取暖咨商专线，说不定还会转发文章给大家参考，要是对老师的管教方法有意见，加上其他人东家长西家短地多嘴关心，很容易就成为一线战场，一发不可收拾。

如果一看信息却发现是长串的个别问题，不免感到浪费时间很困扰；不过若改为从此不看，或久久才看一次，说不定就这么遗漏了重要的信息。于是妈妈们低头的时间变多了，孩子看在眼里，不抗议也很难了。

还抱怨孩子被3C控制呢，想想自己不也这样吗？就算不是现实生活里的直升机父母，那是不是这种“Line解决”父母呢？

实时通信软件的误用与滥用，不仅让正式的沟通渠道失能，也容易造成信息混乱、引发沟通危机，最重要的是让孩子无法从生活事件中练习适应、解决，进而调整各种因自己行为伴随而来的情境。

孩子们都很聪明，知道有这个群组后，不但容易责任感尽失，说不定还会丢一句：“那你在Line上问一下就知道了嘛！”

小心！Line群组带来的负面影响

不想让孩子养成依赖的坏习惯，最重要的就是事先与老师和家长们达成共识。老师的沟通必须优先采用正式渠道，联络簿能沟通的事情，绝对不在Line里讨论，通知单来就通知单回，特别是事务性的联络或询问，多半都有时间弹性，严格说来，除非是攸关安全的出缺席变动或是危机处理，否则没有非现在讲不可的事情。

至于孩子那些没抄好的、没听清楚的、忘记带的，就让孩子隔天自己面对，才能从经验里修正行为。而这些问题现象同时也是一种提醒，让我们了解孩子哪些地方还需要协助，而不是想办法让孩子成为老师心中的乖宝宝，但却忽略背后发出的警讯。

除此之外，使用群组最容易被忽略的是“孩子的个人隐私”。

不论是谁和谁吵架的人际冲突，或是孩子们的学习状态，即使只说自己孩子的事，也无法确保其他家长或孩子不会看到信息。身旁的朋友的孩子就曾经亲口跟我抱怨，有些家长允许孩子看自己的手机，结果隔天班上同学就知道群组讨论的内容，让这个孩子颜面尽失，一切秘密都摊在阳光底下！

实时通信软件并非万恶。相反的，在举办活动或校外教学时，能够发挥联络功能，让实时的问题获得解决；通信软件也能克服地理上的限制，让更多人在一起讨论获得共识。然而现实中拥有许多沟通工具的家长们，是否应该想想开群组的目的与功能呢？

真想要多了解孩子在校或在安亲班的情况，不妨安排适当时间，把想问的问题准备好，直接打个电话沟通，既省时又能听到彼此的语气，避免误会，如果只是自己一时想起忍耐不住的话，也别用信息干扰大家，时间不对就是不对，不会因为使用通信软件而比较体贴。

最有效率的沟通，往往都是最原始的形态，短字数的信息绝非讨论复杂问题的最佳之道，几行字也不能说明孩子的全部样貌。精简手边的群组，勇敢离开对话吧，真正的沟通关心需要花时间，那是手机之外才能发生的事。

家长的日常反思

· 若社群软件已造成自己困扰，我们有勇气退出群组，做出与众不同的决定吗？

· 在社群软件里，我们愿意表达真正的心声吗？

· 如果有所顾忌而无法达到沟通的目的，那又为什么继续留在群组里呢？

05

永无止境的学习之路

不同的孩子，就有不同的成功标准

妹妹暑期想要参加外宿十四天的活动，报了名之后却又没有把握自己能全程参与，眼看着出发日越来越近，从未离家外宿一天的她，心情显得有些起伏，既期待活动内容又担心自己会想家放弃，终于某一天夜里，她忍不住和我讨论起这件事：

“妈妈，你觉得我做得到吗？”

“我不是你，我不知道，但是当你要我报名的时候，你应该觉得自己有可能成功，对吗？”

“那这次怎么样算失败？”原本躺在身旁的妹妹翻身坐起来问我。

这真是个好问题。什么叫作失败？

离家两天就想家，就叫失败？

晚上躲起来哭，是失败吗？

请爸妈中途来接回家，算不算失败？

还是活动项目也得算进去，比如说：学不会冲浪、手工艺没做好？

“我好好想一下哦，给我一点时间。”我对盯着我瞧的妹妹拖延一下时间。妹妹想知道我对这次活动失败的定义，也代表着她很在乎我的看法；但她的问题简直是大哉问，直接触碰事情最重要的核心，我得小心回答。

接下来的十分钟，脑海里不禁回想起过去妹妹人生中几件突破心魔的大事：一开始是自己独立上课，接着是开口表达情绪，再来是练习上台、憋气戴蛙镜、勇敢邀请同学做朋友……这些其他孩子轻而易举就能办到的事情，在妹妹身上却是走得步步艰辛。

归纳几次过去成功的秘诀，做父母的只需做到“把眼光放在自己独一无二的孩子身上”，唯有如此，孩子才能心无旁骛地“打怪”，集中力气在眼前的挑战上，而无须去承受父母的得失心或面子而引起的各种情绪。

孩子独一无二，成功的定义也是

因此，我们不会把同样的成功定义套用在孩子身上，而是根据孩子的现况量身定做当下适用的任务。我们暂时看不见其他孩子的成功，因为每一个人的起点都不同。

“乁，我觉得只有一件事算失败，其他都算成功。”我打破沉默回答妹妹。

“真的？是什么？”

“就是你那天上不了火车就想回家，只有这件事算失败，当你自己坐上火车、门关起来的那一刻，就已经是成功了。”

“为什么这样就算？”妹妹似乎认为标准太低，显然不满意我的答案。

“因为跟爸妈道别的那一刻最难，而当你坐上火车之后，你就会开始专心活动，一步步地完成下一件事，接着你会发现好像没那么困难，也从中得到很多乐趣，不知不觉时间就过了。”我一副对她很有信心的样子。

妹妹有点半信半疑：“那如果中间我真的放弃回家，这样也算成功吗？”

“总共两个礼拜，如果你只能外宿五天，那就是成功五天，不是吗？”

“可是要是其他小朋友都能外宿十四天呢？”

“可是你的挑战是从零到一，他们可能是从一到二、从五到六，每个人的挑战不一样，为什么都要用十四天来算呢？”

这就像下象棋，每个人走的功能不同、步数不同，怎么会都去吃帅呢?

“那么你自己觉得呢?怎样算失败?”我反问妹妹。

“我觉得十四天都完成才是成功。”妹妹尚未摆脱想跟别人一样的想法。

“那……依照你的说法，如果你失败了呢?”

这次换妹妹沉默，没有回答。

“你想努力跟别人一样也很好，这说不定就是你的动力，你只要知道我对这件事的看法就好。早点睡吧!”

活动期间贴心的老师们传来照片，对怕水的妹妹而言，最大的挑战就是冲浪活动，她是整群小朋友里一两个无法成功站立的人之一，但是照片里的她全身湿透，在海中脸上带着笑容，丝毫不受影响，甚至拿掉了蛙镜、用手抹去咸咸刺刺的海水。

不是表面安慰，而是真正肯定孩子的努力

在寄回来的家书里，妹妹透露说大部分的同学都成功了，也作了一首打油诗告诉自己不怕不怕，我们读着她的字句，深深体会那失败背后其实是巨大的突破，她能觉察恐惧、克服原本的心理障碍，然后依然照着自己的节奏享受当下。

这个无法显现于外的成功，只有独一无二的爸妈能用心

看见。

我一向不喜欢庆祝失败这种说法，没有努力看见孩子背后付出的过程，反而听起来像自我感觉良好的安慰剂。身为父母应该打破单一的成功标准，协助孩子订立阶段性的挑战，这种成功不仅独一无二，更来得货真价实。

家长的日常反思

·如果我们想替孩子重新定义成功，需要了解哪些信息？平日对孩子的观察是否足够？

·或者我们也请孩子自己拟定目标，再互相比对一下，两方的差异又代表着什么意义呢？

是学习，还是集点活动？

不知从何时开始，学习单似乎变成了一种学习的证据。越来越多的博物馆、园游会活动，纷纷设计闯关集章的学习单，集满各摊位点数就能兑换小奖品。也许是因为民众反应热烈，老师家长们也很喜欢，连教育单位甚至学校也开始复制这种模式。

一时人来疯的氛围容易让人失去戒心，总觉得顺便换点小奖品也不碍事；或者盖了一两个章之后觉得心有不甘，干脆完成闯关比较划算。不论是哪种心态，我们都容易被自己的心态引导，不知不觉地参与完整场游戏。也许每次回家后翻看小奖品，大多质量不佳或是滥竽充数的，真正堪用的很少，这时说不定就有点懊悔花了那么多时间在这上面，但对这个活动本身却没有留下什么记忆。

舍本逐末的心态，让学习变成集点活动

有一次，我和妹妹逛书展，只见一群初中生为了集章蜂拥而至，摊位的负责人秉持着鼓励的心态，将原本设计的猜谜或是寻找答案的任务简化成同一个问题敷衍了事，大伙儿皆大欢喜地统统盖章，继续往下一个摊位前进。我好奇地跟着移动过去，却看到同学们一人手上拿着好几张单子，盖的时候毫不客气也不忸怩，反正主办单位也不在意，奖品可能是赞助商的，最后参与人数的统计数字也想多一点，于是你情我愿地合演完这出学习大戏。

以上场景也不限于学生，不少大人以身做“贼”，甚至还会叫身旁的孩子也如法炮制，仿佛搜集各摊奖品才是关键，却不知在孩子面前展现的是贪婪、不诚实，已经做了最坏的示范。

仔细想想，这和便利商店集点加价换奖的本质并无太大差异，运用一点人性中贪小便宜的弱点，加上看热闹不输阵的心态，就很容易让我们暂时失去判断能力，或者说服自己其实没花什么力气，事实上，我们损失的却是更多无形的东西。

特别是在教育活动上，集点学习要拿捏得宜，是非常不

易的，这些无形的东西可能是宝贵的时间、学习动机，甚至是诚实的心态。

学习的过程，需要更细致地体验

去年参加“中研院”的OPEN HOUSE活动，丰富多元的活动让人眼花缭乱，一天的时间不多，我和妹妹事前做了功课，挑选最感兴趣的几个院所的活动参加。其中妹妹最喜欢的一个院所发放学习单给我们，我们依着参观路线前进，最后到了闯关活动场地：

“妈妈，我可以不要参加闯关活动吗？”妹妹看着满满的排队人潮立刻问我。

“当然可以不要参加，不过原因是什么？”其实我看到队伍也想打退堂鼓。

“其实我只有对第一关跟第三关有兴趣，其他两关我不想玩。”妹妹补充说明。

“哦，好啊，那就玩这两关，我们不一定要换奖品，另外两关，排队的时候你观察一下，看看是不是跟你想的一样。”我们进了排队的人潮。

第一关结束，我们跳着前进到第三关，在等待的时候，妹妹又开口：“妈妈，好多人在排队，等一下我玩的时候是不是要很快，不然后面的人会一直催？”

“嗯，我想你慢慢玩没关系，我们可以跟旁边的叔叔说需要多一点时间。”我很心虚地回答，毕竟后面的人虎视眈眈，好像认为看这么多人玩过，应该能很快作答，节省过关时间。同一时间，我也听到后面的母子正在讨论，妈妈跟孩子解说这关的破关诀窍，说穿了，就是背答案的意思。

轮到妹妹，她自己摸索着解答，花了多一点时间过关。我们再次确认其他两关没有兴趣之后，立刻前往其他的院所。

有时候活动为了迅速消化人潮，必须设计简化过的游戏流程，但这绝对会牺牲一些学习过程，也必须筛选学习内容。渐渐地，活动摊位反而会让有兴趣研究的孩子感到无聊，或是根本无法停留多做互动，只能沦为简单的你问我答记忆性知识，或是浅薄的操作体验，就算让原本没有兴趣的人摸到皮毛，却仍然无法引起任何学习动机。

这些体贴好意在粗糙表面的执行过程中，变成扼杀学习动机的共犯机制，而最无感的失去正是你我宝贵的时间。

这些排队、闯关集章的时间，孩子们可以去寻找更多自己喜欢的事，或是专心沉浸在某个学习过程里，不必消耗在看似热闹却无意义的活动中。这些表面上的学习样板，往往才是让孩子养成坏习惯的原因，关于那些不求甚解、只求快捷方式，表面花哨却不愿下功夫的各种弊病，难道真的不是我们造成的吗？

回头思考学习的初衷，重新设计每个珍贵的接触点，闯关机制与模式不是问题，问题在于我们要怎么正确地使用这样的引导方式，而不是为了达到大人世界里的KPI（关键绩效指标）而已。

家长的日常反思

·学习的样貌到底是什么？一定要有具体结果才算是学到东西吗？

·没有学习单，我们还有能力吸引孩子参与活动吗？

·没有学习单，孩子是否还有能力从各式活动里开启自己的学习雷达呢？

别急着给，当『够好的妈』就已足够

当孩子对父母的给予不置可否

前阵子，和孩子的关系突然有些别扭，原本意见很多的妹妹，回答“我不知道”的机会比以往频繁；有些问题，不知道是理所当然，刚好也能借此讨论或一起找寻答案，不过当问题比较抽象，特别是关乎自己的兴趣或喜好时，妹妹的反应比以往显得迟疑许多，有时还带点儿赌气。

这让我不免担心，妹妹会像很多人一样，到最后只知道自己不要什么，却不知道自己要什么。小时候依据直觉式的感受来回答，感觉很简单，但随着年纪越来越大，干扰信息越来越强，反而真正心里的答案逐渐模糊不清了。

猜想归猜想，做个实验试试看就知道。

首先做的第一个改变，就是不再为她预先规划任何物品、书籍和活动。以往我可能固定每段时间就会逛逛书店、挑挑绘本，上网看看有哪些展览或有趣的课程，还会事先揣测她的兴趣，当然也包括置入一些她“不一定喜欢”但“试试看说不定会中”的有心试探，好吧，还有一些我承认是自己喜欢、拉着孩子做伴的课程。后来想想，又加上不主动添购衣物用品这项。

总之，妈妈这些热心、慈爱的行为一律停止，这些改变暗中进行，才进行一个多月，首先最大的好处就是让我放松了不少。

那么，孩子有感受到什么变化吗？其实她一点感觉也没有。衣服怎么穿就捞那几件、可以重复读那几本书不厌倦，虽然会想出去玩但走出家门即可，到巷口去找野猫、摸店家的狗狗，不催她的话也能玩一下午。

让孩子建立个人的生活风格

这证实“妈妈很忙”有很大一部分是自找麻烦，孩子的物质需求和照顾远比我们想象中的基本，“重要的事情都是看不见的”——没想到小王子这句话也能在此印证。把时间用在专心听孩子说话、陪孩子聊天、游戏上面，他们的满足足以取代很多玩具、电视，这真的是省钱妙招。

时间进入第三个月，妹妹突然告诉我："妈妈，裤子变紧了很不舒服，可能要买裤子了；还有袜子变松会一直掉，我觉得很不舒服，可能也要重买。"

"妈妈，最近有什么表演吗？好久没看了。"

"妈妈，画笔有几支没水了，明天放学可以去文具店补几种颜色吗？"

"妈妈，图书馆有本书很好看，可是只能借一个礼拜，我们可以买那本吗？"

"妈妈，家里的乐高要不要拿去送表弟，以后也不要买了，我其实觉得没那么好玩……"

我渐渐发现，少掉我自以为是的细心呵护，她有更多机会从生活中感受自己的身体、自己的需要、自己的欲望……她不是过着我准备好的日子，而是属于她个人风格的生活。

每一个孩子自己建构起来的小细节，都充分展现出这段时期他的变化和兴趣。举例而言，图书馆的书每个礼拜都借，却只想买某一本，那一本就是她筛选过后，目前最感兴趣的；等能玩的、能做的达到某个程度后，自然会产生对其他事物的需求，等孩子开口时再和他一起规划，那真的是为人父母的一大乐事，而非亲子冲突。

自此之后，我们也不需要再讨论穿衣的问题了。她觉得天气冷暖跟她有关，早起时伸手去窗外感觉温度，睡前会要我们查天气预报，了解二十六摄氏度和二十摄氏度的差别。虽然偶尔还是会嫌我头发绑高了、为了哪撮刘海翘起来了而生气，但是她已经懂得准备好工具（各种大小和材质的橡皮圈及发箍）搞定自己。

我很后悔没有早点这样做，也许四岁后就能开始渐渐让她练习，这是最自然碰触到自己感知的方式，也可能是最早的探索学习。

想当“最好的妈”的心态，让我自己患得患失又疲惫不堪。而当我们进行减法生活，把所有做加法的机会都留给孩子时，他们才能有空间和时间去分辨自己的兴趣和需要。当个“够好的妈”就好，其他时间就等待孩子自行消化信息、反刍生活，否则他们光是应付“最好的妈”就焦头烂额了，哪来的时间了解自己呢？

家长的日常反思

· 回想一下，自己从什么时候开始独立生活、打理一切细节？

· 处理和决定这些生活杂事，会产生什么特别的感觉吗？

· 当时的我们喜欢这种感觉吗？

· 这些看似琐碎的生活日常，能帮助我们变得更独立吗？

我只能跟你一起伤心

“妈妈，怎么办？我不能没有它，我好伤心，我停不下来。”妹妹在捷运站里放声大哭，弄丢心爱的布偶让她瞬间崩溃。

“我也不能做些什么、我也不能改变事实，只能跟你一起伤心。”时间过了半小时，妹妹情绪仍不见缓和的迹象，筋疲力尽的我默默吐出这句话。

那一天，我体会到同理心的极限。再怎么同理他人，也未必真能体会他人感受的十分之一。

出了捷运车厢上电梯，原本我和妹妹还说说笑笑，不料她往口袋一摸，发现最心爱的布偶鼠不见了，脸色大变，立刻就号啕大哭起来。一向很怕引起别人注意的她，自责和后悔的情绪交错出现，一发不可收拾，竟然完全抛开平日自制的个性，越哭越大声，嘴里不断说着对布偶鼠的抱歉与怀念，甚至觉得自己今晚无法入睡、明天可能也没办法专心上课。

牵着她的手沿途回去月台和手扶梯寻找未果，这一路上的音量不仅未减，反而让她忆起每一个可以避免失去的机会，更加懊恼；我承受着众人好奇、怀疑的眼光，坦然地环顾四周，不时说出几个关键词让别人能猜到大致情况，以免旁人真的去找警察来就麻烦了。

等到该做的努力都做了，我只好小心翼翼地开口试探："也许我们可以想办法再买一只？"话还没说完，就立刻被更强的哭喊打断："它是独一无二的，谁都不能取代它。"此时此刻，我的脑袋一片空白，紧紧握着她的手，任她伏在我身上哭，甚至还会气愤得跺脚，看来刚刚的安慰都无济于事。

孩子有自己的伤心，也有自己恢复的步调

当下的我，情绪看似平静，实则错愕，因为我怎么也无法体会丢了一只小小玩偶的悲伤竟如此庞大，情绪强度超乎我的想象范围，思绪像是突然断电一样，理性逻辑统统失灵，什么伎俩也派不上用场。

我切切实实地感到无力，原来这就是最遥远的距离，无法体会孩子百分之一的感受，这摆在眼前的事实让我备感挫折。

我以为我们很亲近，我以为我很能懂她，原来我没有，原来我不能。一只玩偶戳穿了我的膨胀自大，如果人生中不只是这件有悲伤滋味，那么过去和未来还有多少是我无法感同身受的？

或许是当下的领悟让我变得比平常柔软包容，我心疼地等着她自己经历这过程，唯一能做的，是找个地方让她尽情发泄。我们离开捷运站，站在十字路口的人行道边，绿灯亮了也不过，呼啸而过的人车喇叭声是最好的掩护。

此时我们各有心事，城市的噪音竟让人感到冷静一些。我回想起以往会用过来人的姿态安慰孩子，告诉他们“这不算什么、这一点都没关系”，原来这轻描淡写的言语中充满着不耐和不屑，完全没有和孩子的心连接在一起。

好不容易慢慢恢复平静的我，对着仍抽抽搭搭的妹妹说：

“你还记得家里其他的玩偶吗？”妹妹点点头。

“我猜它们应该也很伤心难过。”

“啊？为什么？”妹妹顿时停止哭泣，抬起头看着我。

“因为它们也很爱你啊，看你这么难过，一定也高兴不起来，就跟妈妈一样。而且最近你都一直跟布偶鼠在一起，很久没跟大家说说话了，我们应该要好好珍惜身边拥有的，对吗？”“对，妈妈，我们赶快回家，我想跟大家抱在一起怀念它。”妹妹重新牵起我的手。

静静陪伴，是最好的处方

好不容易慢慢往回家方向移动，这中间我们都没有再说话，她有时停止哭泣，有时又突然激动起来，我看着她满是泪痕的小脸，想起曾经也在街上这样不顾一切哭过的自己。

那时的我，觉得世界上谁也不能了解自己的心情。

那时的我，很希望有人就这样陪我一直走着不要停。

谁也不能阻止任何伤心迎面向我袭来，我感受到自己一分一寸地被撕裂，但也一点一滴地恢复起来，原始生命力带领着我领悟自己的坚强和脆弱，我惊讶地看着另一个充满韧性的自己随着时间逐渐成形，兴奋得像是重生般大步向前。

如果现在就能感受无能为力的失去、竭尽所能的伤心，也许妹妹会早点发现更多面向的自己吧！我这样想着。

还有，我是多么幸运，妹妹第一次失去挚爱的时候，我就在她的身边呢。

家长的日常反思

·若我们的经验不足，真的无法同理他人的时候，还能做到尊重与包容吗？

·若别人无法体会自己的痛苦，我们又希望别人如何对待我们呢？

·回到孩子身上，我们可以有更好的做法吗？

谁说一定要笑？哭也很有力量

这学期，我们加入了自然观察团体，每周花一个下午固定到台北近郊的山麓、步道探索，带队老师并不局限这群孩子的可能，上周心血来潮就带孩子走条秘道冲到七星湖。

虽然妹妹脚力一向很好，但是谨慎小心，动作也不算敏捷，跟着队伍较快的节奏难免有些吃力；加上硫黄味重、与身高等高的箭竹堆很刺手，芒草堆也会扫到眼睛……当这些外在环境的不舒适考验全部一起出现的时候，我心里大喊不妙，这下子高敏感的妹妹一定会吃不消。

果不其然，就在坡度越来越大的时候，妹妹哭丧着脸，开始唉唉叫：

“妈妈，什么时候才会到？”

“妈妈，我的眼睛很不舒服。”

“妈妈，味道好臭我好想吐。”

“妈妈，我快没力气了，可以休息一下吗？”

在山棱线上，当然不能就这么随意停下休息，我们跟着队伍继续走，心志面临崩溃的妹妹忍不住快哭出来。说实话，跟在后头的我自己也有点吃力，满身大汗不说，脚踝旧伤隐隐作痛，不知道尽头在哪里的感觉，的确考验着意志力。

允许孩子软弱，就能走得更远

脸皮特别薄的我此时也觉得不好意思起来，虽说每个孩子特质不同，但是也没听到其他孩子“唉”得这么大声，顶多只是一直追问老师到底还要多久而已，妹妹的脆弱表现此时让我心里备感压力。

突然间，走在我前面的妹妹在一处落差大的地方滑了一跤，成为压死骆驼的最后一根稻草：“妈妈，到底要走去哪里啊？”妹妹哭了出来。

“我也不知道，现在只能跟着队伍，加油，我们继续，别再哭了，哭会消耗你更多力气。”我尽力维持口气平稳。

“为什么我不能哭？”妹妹竟然开始发起脾气来。

“因为你刚说快没力气了，哭也会让眼睛看不清楚，不是更危险吗？”心中警报拉起，我拼命叫自己千万别失控，否则只会雪上加霜。

“可是我就是要这样哭才能继续走啊！”妹妹丢下这句话后回头往前跟上队伍。

我大大呼出一口气。原来如此！妹妹必须沿路丢弃情绪垃圾，才能减缓心中的压力，哭叫不代表放弃，发泄之后才有能力面对种种挑战自己的考验。因为现场没办法按照自己的节奏前进，也无法适时休息，那么这样边走边抱怨、边抱怨边流泪，似乎也是一种允许自己软弱的表达方法。接下来的我，心头轻松多了，其实孩子没有要我解决什么问题，于是我闷不吭声地听她一路碎念，随着最困难的路段过去，妹妹的情绪也渐渐平静下来。原以为她真的没力气了，没想到到了目的地，休息一会儿吃吃东西之后，她一路蹦跳下山，再也没有抱怨。

哭，就是力量

回家路上我一直在想，为什么平常鼓励孩子表达情绪和意见的我，却无法容忍她的哭声和抱怨？为什么我不喜欢她的自在表达呢？一向爱面子的她竟然毫不在意他人的眼光，那我又在意什么呢？

差一点我就因为自己的疲累和好面子而犯了错。

哭泣的当下，就是孩子触碰到自己困难、脆弱的时刻，身为父母的我们应该感到欣慰，我们正在孩子身旁，而且又多理解了孩子一点儿。最重要的是妹妹哭泣抱怨时并未打算停下脚步，她下次遇到困难打算放弃的时候，才是我们出手协助的好时机吧。

哭也可以是种力量。想通了这些道理，下一次，干脆我也一起抛开自尊面子，痛快地放声大哭吧！

家长的日常反思

·我们有多久没哭了呢？是因为我们不曾感到悲伤，还是我们已经失去哭的能力？

·我们曾让孩子看见自己的脆弱吗？孩子的反应又是什么样的呢？

转换身份，让孩子学习接受批评

你一定听过长辈们这么感叹："这年头养孩子变化太大了，我们只能说好听话，念都不能念一句，这孩子以后长大该怎么办？"

虽然这句话有些夸大，却也如实反映出鼓励赞美教养风潮的副作用；当大人们说话的分寸拿捏不好，太多无意义的赞美就像是令人上瘾的糖衣，反而让孩子无法听进批评建议，也害怕失败后无法得到赞美，甚至引发更多的情绪问题。

我猜想，有阵子妹妹大概也中了毒。个性一向温和的她，开始在家展现暴冲（行动粗暴，很冲动）的一面，不论是作画、写字还是捏黏土、搭积木，只要自己稍有不满意，便勃然大怒，其他人要是给了什么建议，一定立刻亲手摧毁作品丢进垃圾桶，这时候，情绪一发不可收拾，谁再说什么好话也没有用。

好不容易等她脾气发完，我立刻把握时机开口：

“你刚刚很生气哦，到底在气什么啊？可以告诉我吗？”

“我气自己没弄好啊，看了就很讨厌。”

“可是……不是稍微修改就可以了？为什么要整个都毁掉？其他地方做得那么漂亮，很不容易耶。”我小心翼翼地说出真心话。

“我不想修改，重做就好了。”妹妹依然坚持己见。

“重做也是可以，但是你每次重做时都好生气，结果连第一次漂亮的地方也都做不出来了，然后就说想放弃。你想想看是不是这样？这是你要的结果吗？”

当时妹妹听完并没有说话，我也先点到为止，然而这个现象却一直在我心中徘徊不去。难道过多又空泛的好话真的助长了妹妹原本好强、追求完美的个性，让她无法面对任何失败？

紧接而来的思考是——也许妹妹并不知道失败与建议的差别和关联？

学习接受不完美

终于有个好时机。当新闻播出北投女童的不幸案件后，我写了一些文章放在博客上，希望提供给家长一些情境题，和孩子一起讨论如何才能保护自己安全。撰文完毕后，才发现要找张适合的照片非常困难，我灵机一动，不如这次就雇用妹妹画图帮忙。

孩子随心所欲地画是一回事，设定主题的创作又是另一种能力，不过这的确是个好机会公事公办、就事论事，况且文章原本就有设定对应的情境，多少有客观的判断标准，说不定妹妹可以从这里练习看看接受修改的建议。

我把妹妹找了过来，简单说明文章的内容后，开口聘请她工作：

“……我有这个机会请你跟我一起工作吗？一张图我愿意出五元，不过必须真的符合文章情境哦，我们会一起先讨论再画，但有可能会修改，你愿意吗？”

“好啊，我可以帮你，不用算钱了啦。”妹妹一口答应，而且不想拿酬劳。

“这五元代表的是工作的承诺和专业，我们一起工作的时候，我就不是你的妈妈，而是你的‘客户’，我一定会请你修改，让图更符合文章内容。这跟你画得好不好没有关系，只跟是不是客户需要的有关系而已。这样你了解吗？”

妹妹点点头。我继续说明：

“我是妈妈的时候，我的孩子不论画什么，对我来说都很珍贵。但是别人没有这样的情感，每个人都有自己的喜好和判断，别人有意见或批评，可以自己偷偷想一想，有没有可以让自己更好的地方，但妈妈并不是要你在乎别人的评价，因为不可能让所有人都喜欢你的画，这样懂吗？”

“嗯，大概懂你的意思。不过只能修改一次，可以吗？我不想一直改。”妹妹也毫不含糊地开出条件。

“一直改，就代表我们不懂彼此的意思，需要重新调整而不是一直修改，我同意只有一次修改权。所以现在你是小小插画家哦，一天一则，星期六星期日放假，OK？”

学习让工作不被心情影响

第一天，一次顺利完稿，第二天的稿子我觉得有点勉强，但又说不出哪里该修改，妹妹看我犹豫不定，没自信的她马上说：

“这张你好像不是很喜欢，不要算钱好了。”

“我的确没有那么喜欢，总觉得好像少了什么，但是也说不出来，这是我的问题，跟你没关系。我会用这稿子就应该要付钱，你要记得，除非你改不出来，否则不管客户喜不喜欢，有使用就是要付费。这也是一种尊重。”

不知道到底妹妹听懂多少，总之第二篇稿子也上了。

到了第三天，这位小插画家说："我今天没有心情画，可以改天再交吗？"

"不可以，这样会拖延我的进度，说好一天一则，现在才五点多，你晚上八点前完成就好。"

"为什么？画家也有画不出来的时候啊！"妹妹拉长脸抗议。

"对啊，所以灵感来的时候可以多画几张存着啊。我知道那种感觉，我也有写不出来文章的时候，但是要自己管理进度。今天文章我已经写好了，我是你的客户，这样你会害到我哦。"

"吼，很讨厌耶！"妹妹哀号。

"所以现在你应该想想，该怎么让自己有画画的心情？我们来吃冰淇淋？还是你想出去走走？我陪你！"这个插曲其实很有意义，转换心情真的很重要啊。

为了让她在没心情的时候顺利完成工作，我就作弊一下，故意挑个比较简单的主题，果然也一次完成。不料第四天的主题让妹妹踢到铁板，交稿前她自己就已经重画了两次，最后交出的版本，我仍然觉得有个小地方很别扭，虽然心里担心她早已耐性尽失，也只好硬着头皮使用一次修改权：

"抱歉，可以请你稍微修改这个地方吗？电梯按钮应该有显示楼层的地方。"

"有吗？我出去看看。"妹妹打开大门瞧了一眼。

回来后动动笔交还给我。

“好了。”

“谢谢。可是……算了。”我把话吞了下去。

“怎样啦？快说。”

“我觉得你加完之后，这边变得好挤哦，但是我已经用完修改权了，而且你今天画很多次很辛苦，暂时先这样好了。”我诚实地跟她解释。

妹妹保持沉默，似乎自己也在挣扎。

“妈妈，这个地方很挤，已经没办法修改，只能重画。但是我应该只能再重画一次了。”妹妹打破沉默，意外地给我这个答案。

“好，谢谢。那为了让你一次成功，我们现在可以重新讨论哪些要保留、哪些可以顺便加强吗？你越来越像真正的插画家了。”

趁妹妹洗澡，我把数据上传完毕，放了五元在她桌上。这五元不仅成功转换了我们之间的身份，也让我们抽离自身的感情，更客观地练习讨论事情。我扮演客户，就必须做到需求表达清楚、给予足够的时间和信任，但是对于工作的规律不能轻易妥协；而妹妹第一次尝试把兴趣当作工作，这可不是情境式的体验活动，而是必须管理情绪、时间以及创作质量的练习。

最重要的是，切换回母女身份后，鼓励和赞美的内容比以往来得更具体、更有意义，不会永远只是空泛的“你画得好漂亮”，而是能举出她工作的专业表现与自我情绪的管理，这样的反馈显然让妹妹睡得更香甜，也表现得益发自信。

当然，我也放下了压在心上的一块大石。孩子不是不能接受批评，而是需要理解不同身份的期待和具体清楚的建议说明，孩子不会因空泛的赞美感到自信，反而需要不带评价的中肯建议，那样的大人才能让孩子备感信任，同时引领他们不断地自我突破。

家长的日常反思

·检视孩子身处的环境和接触的大人，每天听到的赞美比较多，还是批评比较多？原因是什么呢？

·大人们说的赞美或批评之语又有多具体？孩子从中能获得什么信息吗？

别让有用毁了阅读的乐趣

自从提倡阅读成为中国台湾教育的重点政策后，让孩子喜爱阅读——就是家长们的重大焦虑来源之一。学龄前，图书馆就开始推动“阅读起步走”，提醒爸妈亲子共读；上小学后，阅读心得单和各式阅读卡、阅读存折集点活动更是每周必写，专家学者也一再强调阅读力会影响将来的学习成效……但是，家长明明已经和学校老师里应外合，也听从专家建议在家布置阅读角落，怎么还是不见孩子爱上阅读，一本接一本地陶醉在书香世界里？

别怀疑，我也曾有过这么挫折的心路历程。

从妹妹两三岁开始，我们就有睡前的说故事时间，每周固定和孩子到图书馆挑书借书，或者买自己也喜欢的绘本跟她分享；妹妹习惯这样的生活模式后，晚上会主动捧着绘本来找我，让我误以为她对书的兴趣也很浓厚。

上小学后，一开学，老师便发了黄色的阅读学习卡，规定一周最少阅读几本，并奖励集点拿奖状。一开始妹妹还兴致勃勃地赶进度，想提早获得荣誉，但很快，一两个月后就索然无味，除了老师规定的本数之外，再也不会主动拿书，阅读的情况急转直下。

原本我还不以为意，猜想或许是桥梁书的字数突然变多，需要一点时间适应。然而随着时间一天天过去，也不见改善，甚至有天妹妹竟然为了写阅读心得单闹别扭，正式跟我开口说她不喜欢阅读。

这消息有如晴天霹雳，打碎我自以为是的阅读大梦。我急忙探究原因，却也问不出来，只好开始乱猜：也许是书的内容不合胃口？字数过多负担太大？甚至特意邀请妹妹玩手工书、做小故事本，不料统统被识破打了回票。

一切该做的都做了，仍不见起色，让我心情低迷了好一阵子，对到底哪里做得不够百思不得其解，直到那天在书店儿童区的这段对话，让我灵光乍现。

“妈，我可以买书吗？”一位看起来像中年级的男孩开口。

“可以啊，喜欢看书是件好事，去挑去挑。”

过了一会儿，孩子兴冲冲跑来。

“我选好了，就买这三本。”

妈妈接过三本书，随手翻了一翻，对着其中一本眉头皱了起来：

“弟弟，这一本是在讲什么啊？”

“哦，这本很特别，是在写一只会写诗的小松鼠。”

“啊？好奇怪哦，里面有什么科学还是生物知识吗？”妈妈问。

“没有……”我看到男孩失望的表情，大概他已经知道后续发展了。

“那去换一本吧，这种好笑的书图书馆借来看看就好，去买一些有用的书。”

哦！难道就是这些有用的书把我的孩子挡在阅读的门外？

说好的“你喜欢就好”呢？

我回想起自己常挂在嘴边的一句话：“你喜欢看就好，什么都可以。”既然这样，怎么还会有孩子不爱阅读？

说归说，也许实际上我们也不如自己说的开放，孩子的选择没有想象中的多。

不论是网络还是实体书店，各种实用读物总是热卖畅销；为了让孩子乐于学习、热爱阅读，我们费尽心思把各种学科知识通过漫画、侦探、搞笑、拟人手法植入其中，甚至搭配发行DVD、卡通、人偶、APP应用软件，各种“重口味”的学习方式，只希望能成功塞给孩子对考试有帮助的书。

走进任何一家图书馆，传统索书号的分类方法无法帮助孩子快速找到有兴趣的主题，若孩子没有寻找既有的分类主题（如恐龙、昆虫、历史人物），那么想要在茫茫书海里找到自己喜欢的书不是容易的事；当孩子正在摸索兴趣、培养阅读喜好的时候，找不到自己有兴趣的书，就成为第一个打击孩子的原因。

比如说喜欢画画、喜欢车子的孩子该怎么找书？孩子有多少的耐性一本一本寻找？尤其是学龄前或低年级的孩子尚未熟悉计算机打字，根本不可能有效率地搜寻特定主题。

若再加上功能性阅读成为主流口味，让出版社变本加厉地偏好出版某种类别，更多孩子便失去了建立自我阅读品位的机会。这些课外读物其实跟课本相差不远，即使某些孩子看似热爱阅读，却也可能渐渐失去鉴别内容的能力，导致严重的信息偏食而不自知。

阅读单和心得单的副作用

另外一个关键则是学习单、心得单这些外在推力的出现。尚未有这两样作业出现前，阅读是很自然的行为：随心所欲地读、想读就读；心情好就多翻几页或多念几本，更想做别的事就暂时停止；没有固定的进度，当然也不会有必须完成的压力。

就妹妹本身的经验来看，急着想在短时间内完成作业的心情，早已取代单纯享受阅读的随性，阅读已经不再是一项可以自己选择的活动，反而被视为是学校的功课或作业。

对于原本就热爱阅读的孩子来说，是作业还是活动根本没有差别，但对于尚在摸索阅读口味，或者刚开始频繁接触课外书的孩子们来说，作业规定的阅读频率并没有因人而异，当自己无法决定学习的节奏时，显然成为破坏胃口的主要原因。

放下对喜爱阅读的行为想象

这世上当然有非常喜欢阅读的孩子，而且随处可见，他们着迷于书本里的故事，涉猎领域甚广，什么主题的书都能翻一翻，时时刻刻身边都想带本书，仿佛像是大人迷日剧般地挂念主角的喜怒哀乐和情节转折。

我自己小时候就是这样的孩子，然而一旦我们心中有这样的角色，就越不容易跳脱出来理解孩子的困难，到底怎样才算喜爱阅读？要读多少才是有阅读习惯？还是我们根本不该有这个问题？

我似乎找到调整的方向了。妹妹仍旧得面对每周的阅读卡和学习单，因此第一步先尝试把阅读活动和作业分开，让妹妹重新掌握决定阅读的自由。妹妹先以最快完成作业为前提，挑选五本绘本念完填上，安了自己写完作业的心情之后，才能回到从容悠闲的状态，可以慢慢挑书、细细品味、用自己的方法读完一本书。

第二步则是协助妹妹找到自己有兴趣的书，让阅读的动力来自内心的求知与好奇。接下来好一阵子我刻意只字不提读书这件事，只专注挖掘妹妹有兴趣的活动，例如捏陶、赏鸟、画画，一旦确认兴趣，再自然而然地找书查数据，有好几次妹妹忍不住惊呼："我都不知道有这种书耶！"

有了具体的学习方向，妹妹重新看待图书馆，跳脱儿童区探索其他区域，像是发现新大陆一样，开始知道阅读怎么丰富她的兴趣、她的生活。有时候借回家的书没翻几页，也有些爱不释手就要求我买下收藏，就这样一点一滴建立属于她自己的选书风格。

这样再过了一学期，妹妹已经摸清楚自己的兴趣和阅读方式，阅读卡上渐渐不再只有规定的五本书，也不再只挑轻松的绘本写，一切随心所欲，或多或少、或快或慢，都不再是定义她阅读能力的任何证据。

这一路走来最大的收获并非如何建立孩子的阅读习惯，反倒是再次提醒自己做得太多、太积极的老毛病容易让事情本末倒置，唯有停下汲汲营营的功利思考，分享自己对阅读的乐趣和热情，才能让孩子知道书本对她的意义何在，或许才有可能将阅读深植在她的人生里。

家长的日常反思

· 我们也曾经喜欢过无用的书吗？

· 这些书在人生里曾扮演什么角色？

· 每个阶段喜欢的书都类似吗？也能成为了解自己或孩子的重要指标之一吗？

她只是不知道她办得到

小学一年级的回忆里，有件事情至今仍让妹妹津津乐道。这位视上台为畏途、不喜欢别人注意自己的孩子，成功克服自己的心理障碍，完成校内小小说书人比赛，当时的两个月里跟随着老师拟的进度，一步步用自己缓慢的节奏准备，才好不容易完成这桩苦差事。没想到升上二年级的说书人比赛，妹妹嘴里虽不愿松口参加，但最后竟然默默地在参加栏上打钩，她知道现在的她做得到这件事，即使未必做得非常好。

好不容易摆脱小小说书人比赛，接着是校内举办的英语多元竞试，学校导师一声令下全班报名参加，妹妹哭丧着脸、心不甘情不愿地拿着报名表回来，一到家马上发难：

“为什么规定都要参加？不参加又不会怎样。”

“早知道规定要参加英文的，这次就不要参加说书人比赛了！”

“老师说个人和团体组都要参加，这样要比赛两次耶！”

……

我安静地听着，心里的天平也不断在两端间摆动：

孩子说得一点都没错，比赛原本就是自由报名，这与上课作业不同，没有一定要做的义务，更何况勉强参赛也没有什么乐趣可言，只剩下压力而已；真要再深究下去，比赛这种形式的教育活动对孩子到底有没有任何帮助，还是带来不必要的竞争比较，也是从另一种角度提出的质疑。

此时，我可以选择做一位进步开明的家长跟老师沟通，说明权利义务并请老师取消对孩子的规定；我也可以选择鼓励孩子试试看，挑战用英文说故事。到底什么决定对孩子比较好呢？

首先跳入脑袋里的疑问是，为什么老师愿意花额外时间辅导学生并冒着被家长质疑的风险，扮黑脸下令学生全部参加，而且希望孩子不只个人参赛，也要组队参加团体组呢？这当中一定有什么特别的用意。

回过头来想想自己的孩子，通常面对陌生的事情比较抗拒尝试，有时候未必是能力做不到，就是跨不过自己心理那关，这种抽象障碍也很难具体说明，最好的办法就是有个适当的挑战，让她拥有小小的成功，再逐渐摸索出那障碍究竟是什么。

以上都只是我的想法，孩子当然有绝对的权利决定自己最后是否参赛。老师的规定如今恰恰好发展成最好的测试情境：孩子可以选择准备上台比赛，也可以选择自己跟老师反映不愿意参赛，不论是哪一种结果我都支持并作为后盾。这两个选项对妹妹而言都有各自的困难，接下来把问题丢还给她，反而能观察在她心中到底哪件事比较容易克服，又选择哪一件事突破。

从弱点出发，转换比赛的定义

等我告知完这些想法，妹妹二话不说，立刻决定参赛：

“那我还是参加比赛好了，要跟老师说那么多很麻烦，而且这样只有我不用参加，我觉得更奇怪。”

“所以你觉得参加比赛没那么困难吧？之前也上台好几次，那你想想自己为什么不喜欢。”我猜想有了比较经验，也许对自己心里会更清楚点。

“我不喜欢唱歌讲故事给不熟的人听，而且团体分组要跟别人约时间练习，真的很麻烦。”妹妹回答。

孩子的回答不仅可以消除家长的疑虑，也释放出更多线索给父母——妹妹不是表演欲强的孩子，对于这种表现自己的方式会感到不自在，这与“英文好不好”“想不想努力”没有任何关联；此外，对于团体合作的经验显然不足，需要找机会加强。

通过讨论，孩子已经心甘情愿做出选择，那么接下来任务已经清晰可见了。我们一起填写报名表，一起把这次比赛转换定义：把这件事当成一种上台分享的报告形式就好，不是表演、不用在意奖项，只要分享与完成。

我猜得不错，老师私下告诉我她的用意是希望孩子们动起来，说什么唱什么都好，根据自己的能力挑选主题即可。最重要的是可以进去会场看看别人的表现、欣赏别人的进步，对低年级孩子来说，观摩别人是他们很有兴趣的活动，特别是比赛场合能看到临场的反应，与一般班上活动很不一样。

对于比赛的定位三方确认之后，妹妹心里轻松多了，没有太多成败负担，只有报告截止的日期压力而已。在月历上圈出比赛日期后，我也就闷不吭声，看看接下来会怎么发展。

尊重孩子节奏，放手让她尝试

有趣的事情来了，妹妹从没练习过一次个人赛的内容，她自己随便挑首幼儿园的儿歌交差了事，听说老师拨空安排大家上台预演，妹妹也抵死不从，她说她会了但不需要唱给谁听，因此从头到尾没人听她唱过。老师和我有默契，摸摸鼻子不强迫她，反正是她要上台，我们相信她准备好了。

倒是团体组的说故事，妹妹采取主动角色，请我帮忙改写她最喜欢的故事对白，但是该怎么和另一位也是安静害羞的同学协调沟通，才是她最头痛的部分。于是我们讨论最多的是如何确认同学喜欢这个故事、该怎么开启对话。如果同学不喜欢，我们又该怎么回应？接下来妹妹还得开口问对方家长电话，跟同学讨论练习时间、要去哪里练习等细节安排。

妹妹曾经开口请我协助和家长沟通，不过我告诉她这是这次活动里最重要的部分，得请她自己一项一项搞定；两个小女生后来只成功约出来练习一次，练习时把握机会只能培养默契，其他的只得回去各自加强背熟。

原本被动参赛的妹妹，没想到比赛前两天积极起来，突然想做角色头套，原来她看见其他组准备道具，于是两位小姑娘也想跟进做点东西，而头套则是她们的讨论结果。下午五点多去买厚纸板开始动工，妹妹一碰到手作开心不已，花了一两个小时画头套花边，虽然这根本不是比赛重点，但是这是她参加比赛以来最感兴趣的准备工作，我也让她尽情沉浸在制作道具的过程里。

所有的教养，都是为了自己不在孩子身边的时候

比赛前一天晚上妹妹还耍了个小手段，把稿子道具都放在学校不带回家，表明不再复习的意思，整晚看着有趣的DVD放空，丝毫看不出来她把这件事情挂在心上。什么都做不了的空虚感让我反而替她紧张，只好写张纸条塞进餐袋里对她说："明天比赛前记得读这张纸条，这是我给你的锦囊妙计哦！"

隔天比赛前，妹妹真的打开纸条认真阅读，坐在一旁观

赛的校长看到这一幕拍下照片上传，看着这张照片我非常感动，照片里的她淡定地看着纸条，另一张照片里笑着跟同组同学对台词，能有机会看到比赛现场她的态度、她的表情，让我更加确定这次参赛活动是项成功的尝试。

在这个过程里，英文比赛只是个情境，真正重要的是如何协助孩子在不喜欢的活动里找到挑战自己的任务、找到转换成功的定义，并进一步认清自己的弱点和惰性。最重要的是当初规定参赛的老师和我们能让孩子感到充分信任，我们真的不在意结果，只在意是否愿意跨出一步试试看。妹妹完赛后的那个晚上，不断和家人分享比赛时的各种细节和评论，我们都能充分感受到她的兴奋和自信。

是逼迫，还是临门一脚的推力？

是尊重意愿，还是放任恐惧滋长？

这些都只有一线之隔，存在于我们的一念之间。

孩子可以做得到，他只是不知道他可以。

家长的日常反思

· 当我们说要引导孩子踏出舒适圈、突破瓶颈时，真正付出陪伴的时间心力有多少呢？

· 我们是否也能接受孩子挑战失败的结果？

天　蓬